Boule / Pétanque - Training

Bibliografische Information der Deutschen Nationalbibliothek:
Die Deutsche Nationalbibliothek verzeichnet diese Publikation in der Deutschen Nationalbibliografie; detaillierte bibliografische Daten sind im Internet über http://dnb.d-nb.de abrufbar.

ISBN 978-3-940395-18-4
1. Auflage 2022

Satz und Einbandgestaltung: Isotrop Verlag
Bilder und Abbildungen: Peter Latsch
Illustrationen: Katharina Westrup

Boule – Pétanque Training

Ein Leitfaden für die Praxis

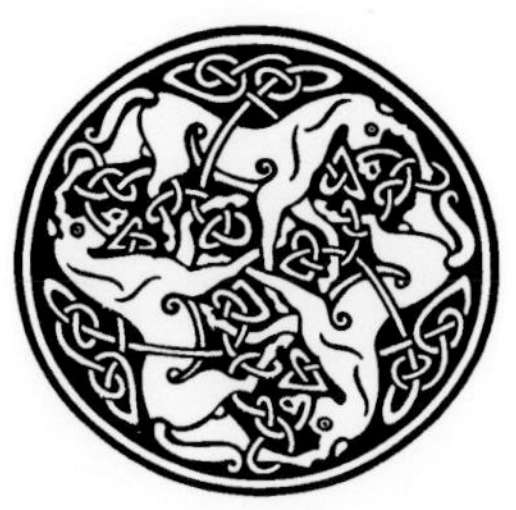

Isotrop Verlag

Gender - Disclaimer

Aus Gründen der besseren Lesbarkeit wird auf die gleichzeitige Verwendung männlicher und weiblicher Sprachformen verzichtet. Sämtliche Personenbezeichnungen gelten gleichermaßen für alle Geschlechter.

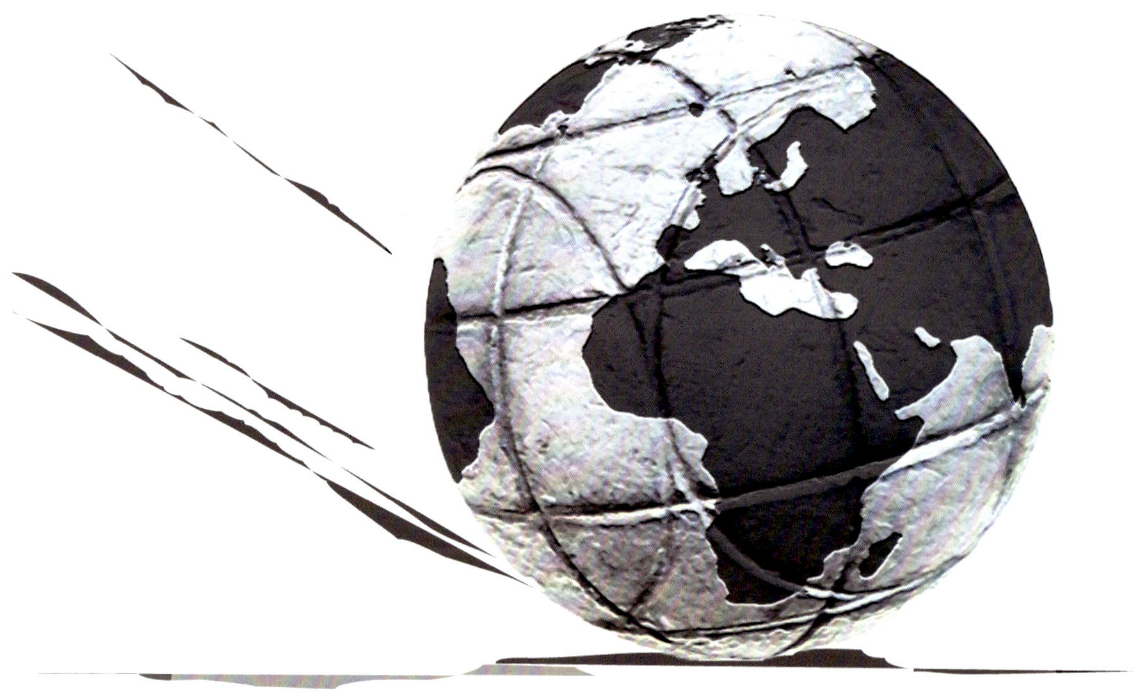

Inhalt

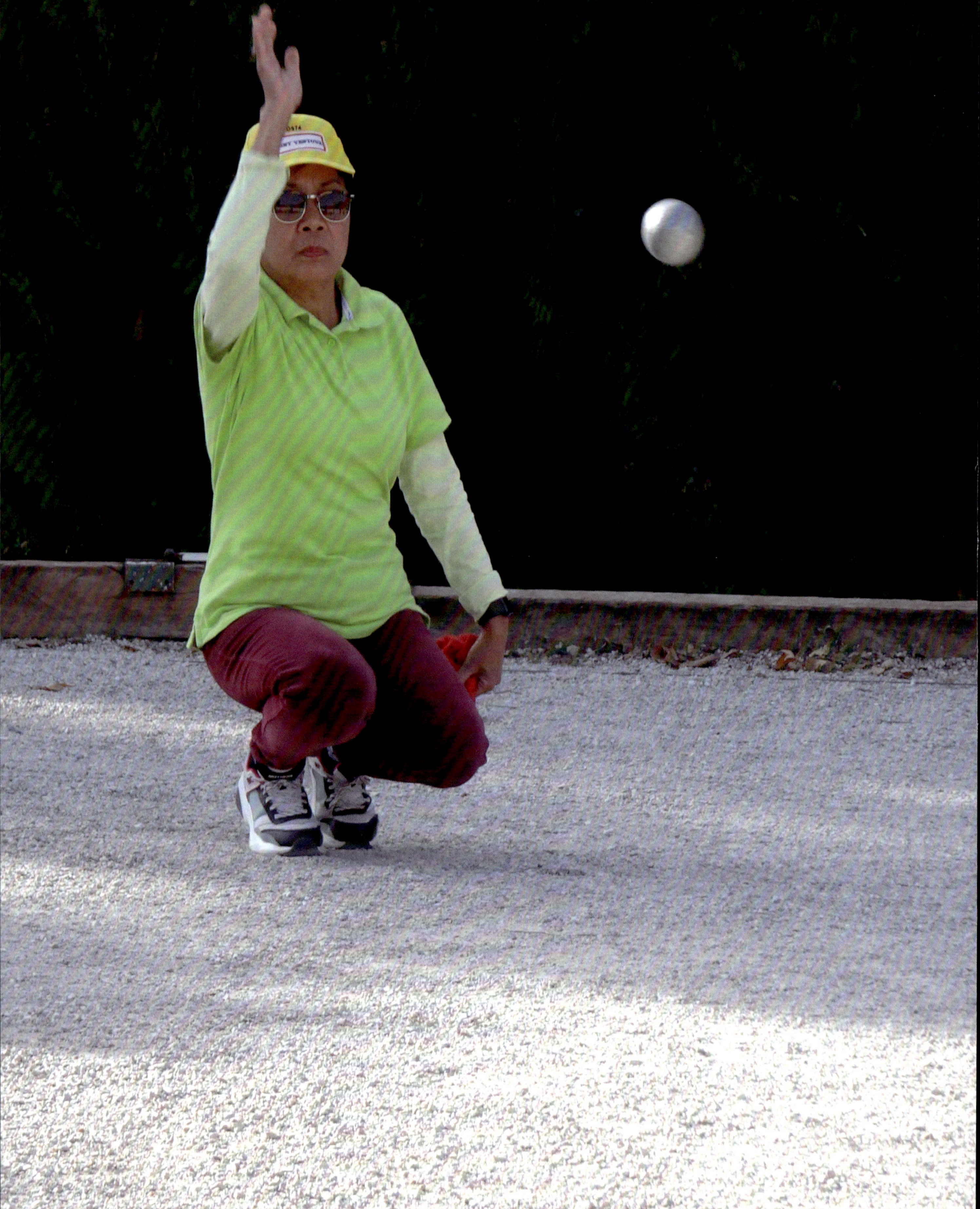

Liebe Leser

in diesem Buch werden Sie Bilder und Grafiken mit diversen Symbolen finden. Die meisten davon sind selbsterklärend. Dem besseren Verständnis geschuldet, wurden diese im gesamten Buch identisch angewendet. Hier eine kurze Übersicht über die verwendeten Symbole:

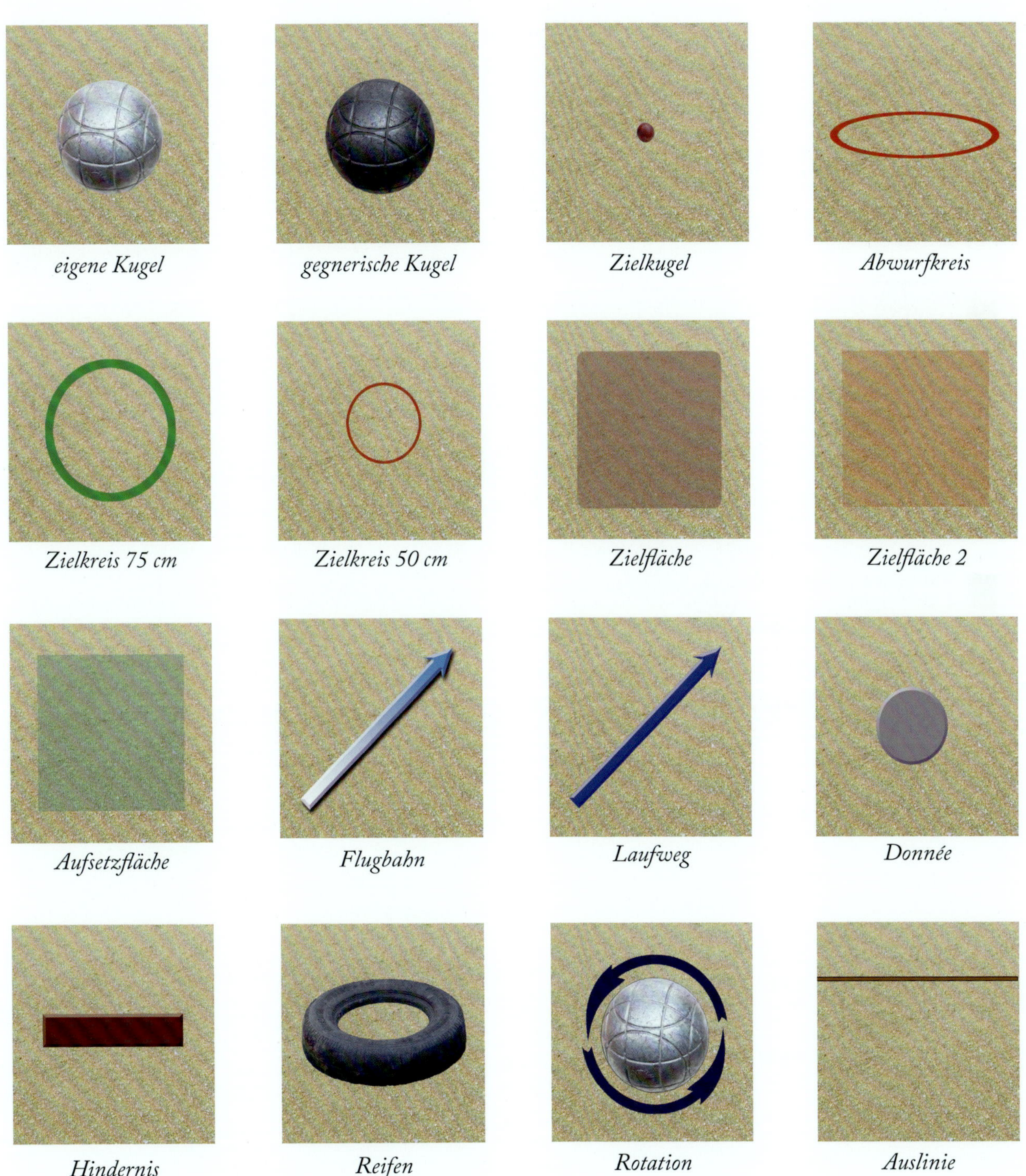

eigene Kugel | *gegnerische Kugel* | *Zielkugel* | *Abwurfkreis*

Zielkreis 75 cm | *Zielkreis 50 cm* | *Zielfläche* | *Zielfläche 2*

Aufsetzfläche | *Flugbahn* | *Laufweg* | *Donnée*

Hindernis | *Reifen* | *Rotation* | *Auslinie*

Ein Buch über Boule-Training, warum?

Wir alle spielen begeistert Boule, gehen zum „Training“ und spielen, trainieren aber nicht, sondern haben Spaß an der Partie. Das ist auch gut so, denn die Freude an unserem Sport ist das Wichtigste und motiviert uns, vielleicht auch besser werden zu wollen. Wenn man im Kreis steht und seinen Plan für den Wurf auch umsetzen kann, ist man meist auf dem Weg zum Sieg oder hat zumindest für sein Team alles gegeben. Ein strukturiertes Technik-Training wird dir helfen, besser und sicherer zu werden. Das ist allerdings mit einigem Aufwand und Trainingszeit verbunden.
Da du dich mit diesem Buch beschäftigst, bist du schon auf dem Weg, deine Technik und dein Spiel verbessern zu wollen.

Das boulespezifische Training ist für jeden, der den Ehrgeiz hat besser zu werden, die richtige Wahl. Dabei ist es erst einmal unerheblich, auf welchem Niveau das stattfinden soll. Es funktioniert immer. Boule zu trainieren heißt, Techniken zu üben und zu erlernen, bestimmte Bewegungsmuster einzustudieren und zu automatisieren, auch Aufgabenstellungen aus dem Spiel zu extrahieren und Lösungen dazu einzuüben. Natürlich kann man sagen, das beste Training für mich ist das Spiel. Gut, wer viel spielt wird natürlich mit der Zeit in seinen Aktionen auch besser und sicherer, keine Frage. Wer auch im Trainingsspiel die Ernsthaftigkeit, Konzentration und den Anspruch eines Wettkampfmatches hat, trainiert auch dann wirklich.

Nur, was soll man trainieren und wie? Was möchte ich erreichen?

– technische Verbesserung
- variableres Spiel
– Stabilisierung meines Bewegungsablaufes
– taktisches Training
– bessere Konzentration... etc.

Wenn man sich entschlossen hat zu trainieren, ist es grundsätzlich besser, dies in der Gruppe zu tun. Erstens macht es dann mehr Spaß, zweitens gibt es von den anderen Mitspielern ein Feedback, Kritik und Ideen. Im Einzeltraining kann man sich voll auf eine Sache konzentrieren. Für eine kurze Phase ist das optimal, für eine Stunde gleichförmigen Übens sind es 40 Minuten zu lang. Auch für den Schießer macht es wenig Sinn, eine Stunde konsequent auf sieben Meter zu schießen. Abwechslung ist also angesagt. Auch schon deshalb, damit man nicht nur das trainiert, was man sowieso schon kann, sondern auch das eher Ungeliebte, mit dem man vielleicht nicht so zurechtkommt.

Als Boulespieler wird man besser, wenn man universeller wird und ein wirklich guter Spieler, wenn man technisch/taktisch in allen Belangen gut und psychisch stabil ist.
Einen Boule-Kurs mitzumachen ist natürlich eine tolle Sache. Man kann für einen Tag, ein Wochenende oder auch eine ganze Woche einen Kurs buchen und diesen noch dazu mit einem Urlaub kombinieren, am besten im Süden bei sonnigem Wetter am Meer - und im Land der Boulespieler. Wenn man den Kurs bei einem kompetenten, didaktisch erfahrenen und netten Lehrer gebucht hat und dieser auch ausreichend Zeit für die Verbesserung deines individuellen Spielniveaus hat, ist sowohl Lernerfolg als auch Spaß an der Sache und in der Gruppe gewährleistet.

Ein guter Trainer kann deine Techniken analysieren und dir individuelle Tipps geben oder auch das Team stärken, dir helfen, wie du mit dem Druck im Wettkampf besser umgehen kannst oder dir taktische Wege und Variablen für das Spiel aufzeigen.

Auch das beste Trainingsbuch kann das nicht ersetzen, aber - es gibt „viele Wege nach Rom". Dieses Buch wird dich unterstützen, ein strukturiertes Training für dich und dein Team aufbauen zu können. Mit den Übungen wird es dir gelingen, deine Technik zu verbessern und Sicherheit und Erfolg beim Wurf zu erarbeiten, außerdem deine Bouletechnik zu erweitern und so variabler und erfolgreicher spielen zu können.

Zum Trainingskonzept

Es gibt vier Hauptkapitel, welche die Techniken im Legen, im Schießen, die Anforderungen als Milieuspieler und die Taktik im Spiel behandeln. Innerhalb der einzelnen Kapitel werden die Übungen in steigendem Schwierigkeitsgrad und mit variabler technischer Ausführung gestellt.

Natürlich ist für jeden Spieler die eine oder andere Übung schon bekannt. Aber individuell wie wir sind, fällt es einem leichter oder schwerer, die Aufgabe zu meistern - oder besser, möglichst konstant lösen zu können. Hier liegt ja auch der eigentliche Weg zum Erfolg versteckt. Die einzelnen Übungen mit mehr oder weniger Erfolg abzuhaken ist eine Sache. Sie mit der Zeit kontinuierlich besser bewältigen zu können ist das Ziel. Um das nachvollziehen zu können ist jede Übung mit einem Punktesystem versehen. Das macht einen Trainingserfolg für dich nachvollziehbar und eröffnet eine Wettkampfsituation, wenn man in der Gruppe trainiert.
Ich halte das für eminent wichtig. Nur Bouleübungen aufzubauen und durchzuspielen ohne Nachvollziehbarkeit des Ergebnisses ist unbefriedigend für alle. Ein Technik-Training im Team mit dem Anspruch an sich selbst, möglichst viele Punkte zu erspielen, macht unter Wettkampfbedingungen deutlich mehr Spaß, fördert die Konzentration auf die einzelnen Ateliers und wird als Indikator zur individuellen Einschätzung der Leistungsstärke in diesem Teilbereich relevant.

Ziel ist es unter anderem, an den Trainingstagen im Verein die Akzeptanz zum Technik-Training zu verbessern und dieses als festen Bestandteil zu integrieren.

Das Boule-Trainingsbuch ist ein Leitfaden zur Verbesserung der Bouletechniken. Das Kopieren der einzelnen Übungsblätter ist für den privaten Bereich und für die Trainingstage im Verein ausdrücklich erwünscht. Deshalb habe ich das Buch im A4-Format gesetzt, um das Kopieren zu erleichtern und die Lesbarkeit und die Auswertungen der einzelnen Ateliers auf dem Platz zu erleichtern.
Zwischen den einzelnen Kapiteln sind Spielvarianten eingefügt. Hier liegt die Priorität auf Spiel und Spaß, aber auch immer unter einem gewissen

Wettkampfcharakter. Diese Spielvarianten sind einerseits zum Warmspielen, andererseits mit Blick auf das folgende Aufgabenfeld und auch zur Auflockerung der Trainingseinheit gedacht.
Plant man zum Beispiel einen Vorbereitungstag für ein Turnier oder die Vorbereitung für die Ligasaison mit seiner Mannschaft, ist es schwierig und auf Dauer ermüdend, konstant nur die technischen Aufgaben eine nach der anderen zu lösen. Hier hilft eine nette Unterbrechung, in Form eines Spieles gegeneinander, die Motivation in der Gruppe wieder zu aktivieren und bereit für neue Aufgaben zu sein. Vor dem Lösen der Legeaufgaben ist ein Legespiel zum Warmwerden und um sich in die Materie einzufinden sinnvoll, genauso wie das spielerische Warmschießen vor den Schuss-Aufgaben.
In einem Training ist es immer vorteilhaft, zwischen leichteren entspannenden Phasen und den intensiven Phasen mit hoher Konzentrationsleistung zu wechseln. Die Kurve der individuellen Konzentrationsfähigkeit variiert im Lauf eines Trainingstages meist deutlich. Durch den Wechsel von lockeren Übungen, Pausen und Phasen voller Konzentration erhöht sich der Trainingserfolg.

Ein guter Trainer zeichnet sich auch dadurch aus, die Konzentrationsfähigkeit und die Motivation in der Gruppe zu erkennen und entsprechend variabel sein Konzept anzupassen, um die Spieler nach einer Tief- oder Hochphase zeitnah wieder zu motivieren oder in einen entspannten, spielerischen und regernerativen Abschnitt wechseln zu lassen.

Interessant ist auch, dass die Leistungsfähigkeit zur Aufnahme neuer Trainingsinhalte und Phasen erhöhter Anforderung während eines Trainings nachlassen kann, wenn die Regenerationsphasen zu lange sind. Als Trainer muss man die Teilnehmer „bei der Stange halten“ und nach langen Pausen spielerisch beginnen um die Anforderungen dann wieder kontinuierlich zu steigern. Das gilt natürlich gleichermaßen für ein Individualtraining.

Übungsbeispiel

Im Übungsteil des Buches findet ihr rechts das Übungsblatt mit meist vier Ateliers. Einiges werdet ihr euch zum Aufbau der Übungen besorgen müssen. Es reicht aber ein großer Nagel zum Aufzeichnen auf dem Spielfeld, einige Boulekugeln und unterschiedlich lange Bretter. Wer sich die Arbeit macht, einen ausrangierten Autoreifen horizontal zu halbieren, hat damit ein super Trainingsgerät. Kleiner Tipp - Flexen geht deutlich besser als Sägen. Einen Zirkel kann man sich bauen. Oder man nimmt eine Schnur, deren Anfang mit einem Nagel in den Boden geschlagen wird und deren Ende, mit einer kleinen Schleife versehen, einen zweiten Nagel aufnimmt. Damit lassen sich perfekte Kreise ziehen.

Auf der jeweils linken Seite werden die einzelnen Ateliers beschrieben und die Intention der einzelnen Übungen aufgezeigt. Fast alle Übungen sind mit unterschiedlichen Distanzen angelegt, wie das im Spiel halt auch so ist. Jede Aufnahme ist anders. Gerade die Distanz kann für dich ein wichtiger Indikator sein, wie erfolgreich du im ernsthaften Spiel oder bei einem Turnier spielen kannst. Die Ergebnisse, die du in den einzelnen Ateliers erreichst, sollten nicht nur im Gesamtergebnis, sondern auch hinsichtlich der gespielten Distanzen analysiert werden. Es zeigt sich dann schnell, ob man beim Legen auf schnellem Boden auch mit den sechs Metern zurechtkommt oder auch noch auf neun Metern beim Schießen trifft. Oftmals spielen Anfänger gerne auf lange Distanz, denn da sind auch die etwas versierteren Mitspieler mit ihren Kugeln nicht unbedingt immer nahe an der Zielkugel. Nur, auf neun Metern zu schießen, da sieht es dann meist etwas anders aus.

Am besten trainiert ihr im Team in Zweier- oder Dreiergruppen. So kann sich ein Akteur auf die boulistische Aufgabe konzentrieren und der/die andere(n) können Kugeln zurücklegen und die Ergebnisse eintragen.

Es werden meist je 3 Kugeln pro angegebener Distanz gespielt.

Hier ein Beispiel:
Einige wiederkehrende Tests findet ihr am Ende des Buches.
Sie sind sinnvoll, um euren aktuellen Stand und eure Trainingserfolge nachvollziehen zu können. Geplant sind sie für zwei Mal in der Saison, am Anfang und im Herbst innerhalb der Leistungsphase.

Lege- u. Schießübungen, wiederkehrender Test zur Ermittlung des Leistungsstandes. Je 6 Kugeln.

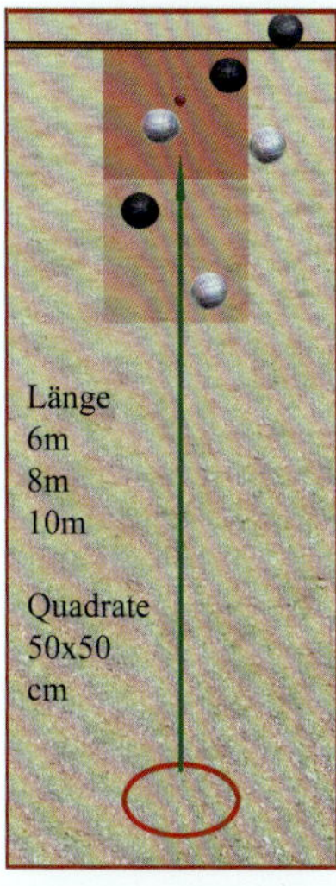

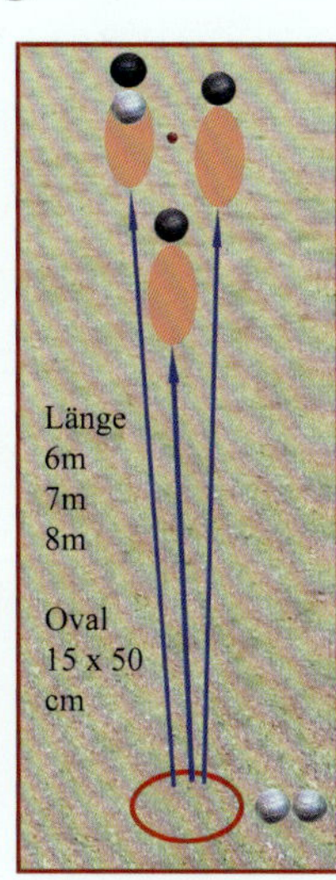

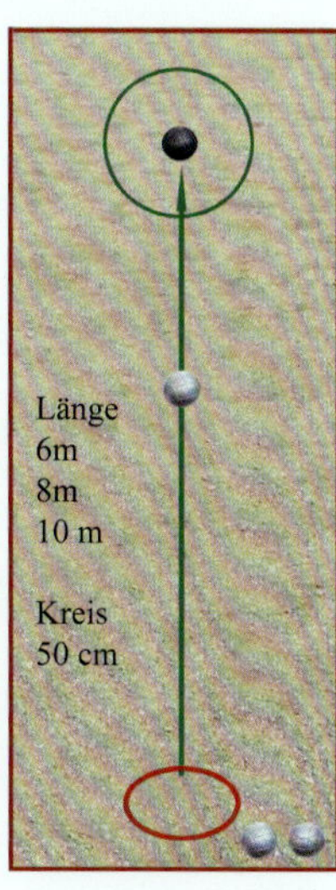

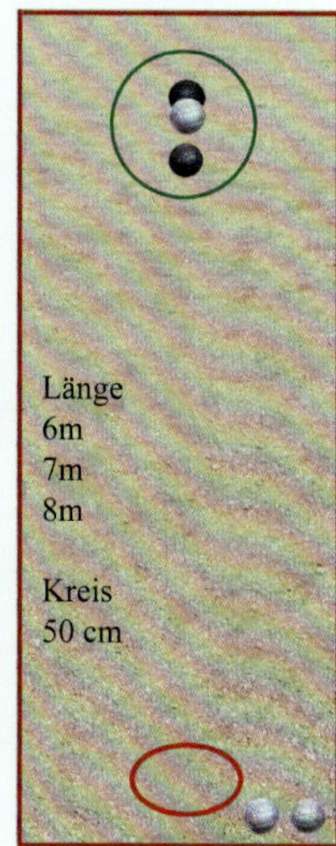

Die vier Ateliers mit den Aufgaben

Legeübung: Kugeln auf Entfernung legen. Bringe die Kugeln in die roten Quadrate. Hell 1Punkt, dunkel 2Punkte hintere Linie -1 Punkt

Legeübung: Devant legen. Lege deine Kugeln von links nach rechts vor die schwarzen Kugeln. 1 Devant 1 Punkt, 2.Dev. 2P und 3.Dev 3P.

Schussübung: Schieße mit beliebiger Technik auf die schwarze Kugel. Kugel berührt 1 Punkt, Schusskugel bleibt im Kreis 2 Punkte.

Schussübung: Schieße die hintere Kugel, ohne die vordere zu berühren. Kugel berührt 1 Punkt, Schusskugel bleibt im Kreis 2 Punkte.

Beschreibung der Aufgaben und Punkte

Name : **Datum :**

Übung 1	Punkte
6m	
8m	
10m	

Punkte erreicht :

Übung 2	Punkte
6m	
7m	
8m	

Punkte erreicht :

Übung 3	Punkte
6m	
8m	
10m	

Punkte erreicht :

Übung 4	Punkte
6m	
7m	
8m	

Punkte erreicht :

Gesamt:

Auswertung nach Distanz und Gesamt

Gymnastik zum Aufwärmen

Los geht´s!

Endlich auf dem Bouleplatz angekommen soll es mit dem Training starten. Die Kugeln sind ausgepackt und vielleicht war ja jemand so nett und hat die Übungen für heute vorbereitet, inklusive des nötigen Equipements. Genug der Theorie, praktisches Üben ist angesagt.

Und wie? Natürlich mit etwas Gymnastik zum Aufwärmen, um die Muskulatur in Gang zu bringen und uns beweglicher zu machen. Durch die Bewegung erhöht sich die Körpertemperatur und das Muskelsystem wird besser durchblutet, die Gelenke, Bänder und Sehnen werden aktiviert und sie arbeiten daraufhin mit weniger Reibung, was uns flexibler macht und eine bessere Koordination der Bewegungen ergibt.
Auch psychisch verhilft uns die Aufwärmphase, um vom Tagesgeschehen abzuschalten und zu entspannen. Damit bereiten wir uns auf das Spiel und die folgenden Aufgaben besser vor, werden aufmerksamer und konzentrierter und beugen Verletzungen vor.

Was in anderen Sportarten ein unbedingtes Muss ist, um sich alleine schon vor teils gravierenden Verletzungen zu schützen, ist beim Boulesport eher selten zu sehen. Ich zumindest kenne keinen Bouleverein, bei dem das Training regelmäßig mit gemeinsamem Aufwärmen beginnt. Schade - etwas das man ändern sollte. Bei allen Kadertrainings und bei professionellen Trainern ist die Aufwärmphase fester Bestandteil des Trainings. Wenn nicht alle mitmachen, dann zumindest macht für euch einige der folgenden Übungen.
Einige Minuten reichen dafür aus und ihr seid beweglicher und fokussierter. Danach noch einige Minuten warmwerfen, von kurzer Distanz auf längere Distanz. Anfangs nur bewegungsbetont gespielt, um später einige voll konzentrierte Schüsse oder Legeaufgaben anzugehen.
Dann seid ihr fit für das Training.

Gymnastik - Übungen

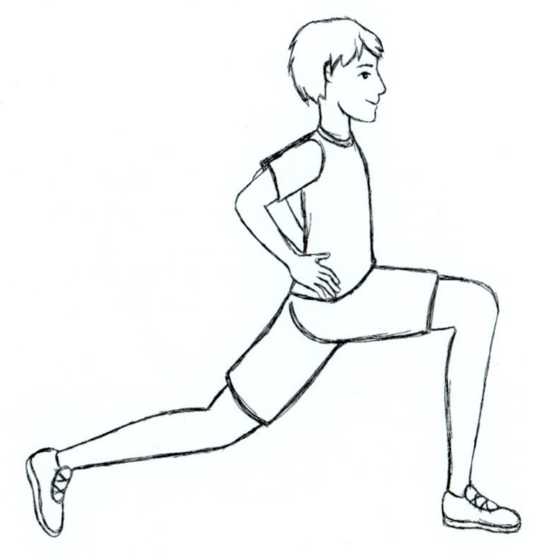

Das erste Aufwärmen der Muskulatur beginnt man am besten mit langsamen aber intensiven Bewegungen von Oberkörper, Armen und Beinen und einigen Runden joggen über den Platz. Wie hier, mit dem Ausfallschritt, lassen sich viele Muskelgruppen in Bewegung bringen. Gleich zeitig kann man den Oberkörper drehen, die Hüfte vor- und zurückbewegen und die Arme mit in die Bewegung integrieren.

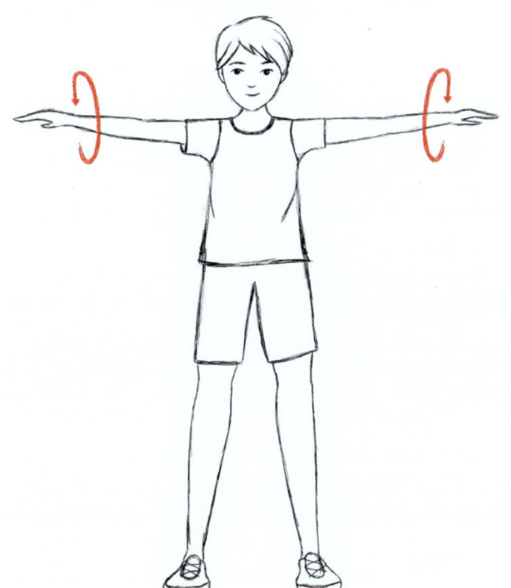

Die obere Rumpf- und Schultermuskulatur wird beim Boule besonders belastet. Deshalb wird diese Region im Aufwärmprogramm besonders berücksichtigt. Das Armkreisen ist dazu eine gute Übung. Wir beginnen mit kleinen Kreisen und lassen sie immer größer werden. Wir wechseln von der Vorwärtsrotation in rückwärts und dann in die gegenläufige Bewegung.

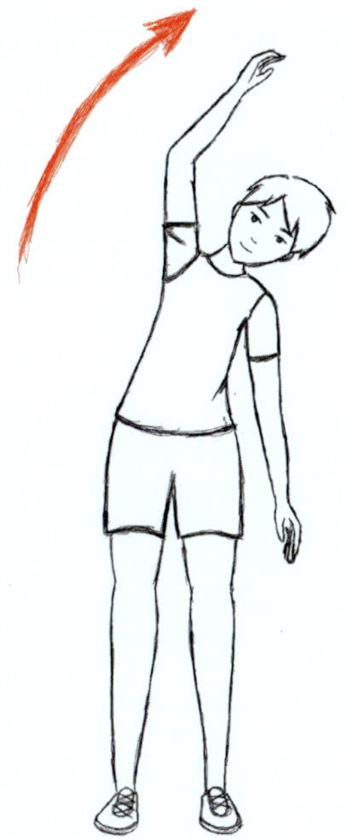

Zur leichten Dehnung der Rücken- und Frontmuskulatur knicken wir den Oberkörper nach links und rechts ab. Dabei versuchen wir, mit der nach unten zeigenden Hand, so weit wie möglich nach unten zu greifen. Mit dem oberen Arm gleichzeitig so weit wie möglich nach oben zu greifen und dann, in der Abknickbewegung, sich weit zur Gegenseite hin zu strecken. Auch hier wechseln wir die Richtungen ab.

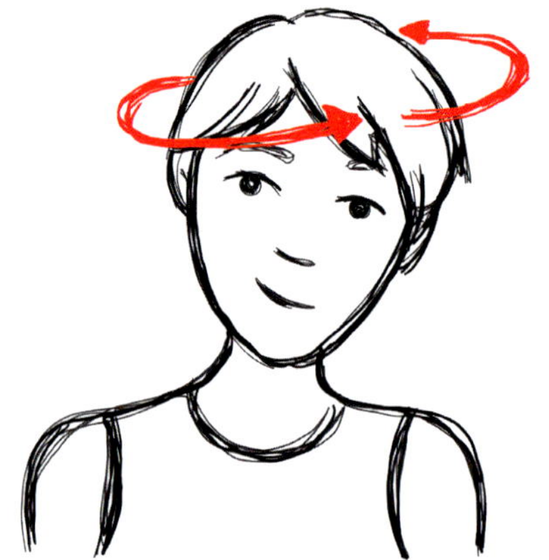

Das Kopfkreisen sollte anfänglich besonders langsam und vorsichtig ausgeführt werden. Oft bestehen hier Verspannungen in der Nackenmuskulatur, die sanft gelöst werden sollten. Wir drehen den Kopf in einer möglichst großen, allseitigen Bewegung. Danach bewegen wir den Kopf nach links und rechts Richtung der Schultern und nach vorne und hinten, wobei wir an den Endpunkten die Spannung jeweils fünf bis zehn Sekunden aufrechterhalten

Kreisende Bewegungen mit dem Becken aktivieren die untere Rumpfmuskulatur und die obere Beinmuskulatur. Neben dem Hüftkreisen sollten hier auch einige Dehnübungen für den Rücken gemacht werden indem wir mit gestreckten Beinen, versuchen mit den Händen oder den Handflächen den Boden zu erreichen. Auch hier versuchen wir die Dehnungsphase für einige Sekunden aufrecht zu erhalten.

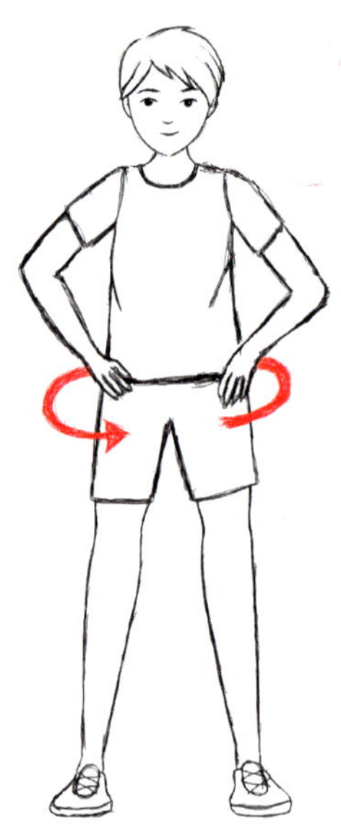

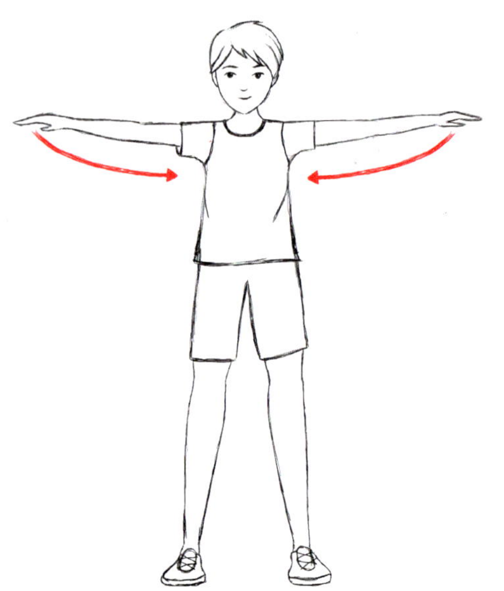

Bewegung im Schultergürtel. Mit dieser Übung aktivieren wir die Muskulatur indem wir die Arme horizontal nach vorne und nach hinten bewegen. Dabei drehen wir die Handflächen nach oben und unten, lassen die Hände kreisen und bewegen unsere Finger. Dann greifen wir fest zu und halten die Spannung in der Faust aufrecht. Nach der Übung schütteln wir die Arme zur Lockerung aus und wiederholen die Übung mehrmals.

Jetzt sind wir schon in der aktiven Dehnphase. Wie das Wort schon sagt, unterstützen wir hier die Dehnung aktiv mit der jeweils freien Hand. Wir legen den Arm vor unsere Brust und dehnen den Bereich des Schultergelenkes indem wir am Ellenbogen mehrmals Druck ausführen und diesen einige Sekunden aufrecht erhalten. Wir wechseln die Seite und machen diese Übung mehrmals hintereinander.

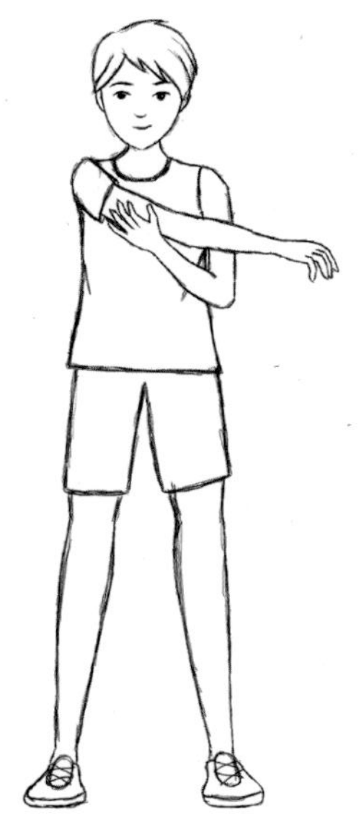

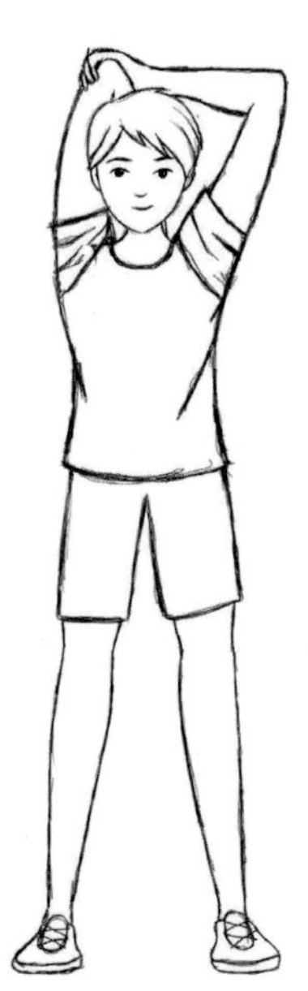

Um das Schultergelenk und die Brustmuskulatur in der anderen Bewegungsrichtung leicht zu dehnen, bringen wir den Unterarm hinter unseren Kopf und bewegen den Ellenbogen aktiv in Richtung unseres Kopfes. Um die Dehnung weiter zu aktivieren knicken wir dazu mit dem Oberkörper seitlich ab.

Das „Kurzprogramm" Gymnastik ist mit diesen Übungen abgeschlossen und sollte uns auf das Spiel mit den Kugeln eingestimmt und beweglicher gemacht haben. Alle relevanten Muskelgruppen wurden bewegt. Wer noch einige Konditionsübungen anhängen möchte, gerne! Eine einfache Lösung wäre zum Beispiel, mit dem Fahrrad zum Training zu kommen, zu laufen oder zu joggen, auch wenn es etwas weiter ist.

So, nun ist es aber Zeit für die Kugeln und das Einspielen.

Portées

Der Leger (Pointeur) ist der Angreifer des Teams. Eine gut gelegte erste Kugel ist seitlich kurz vor der Zielkugel oder mit 20 cm Abstand davor. Den richtigen Weg dorthin zu erkennen und ihn umzusetzen ist die Kunst, in der sich der Leger versuchen muss. Die Auswahl der Wurfvariante ist dabei vom Terrain abhängig, von den schon gespielten generischen Kugeln und vom Können des Spielers. Er muss entscheiden, welche der Wurfvarianten am besten geeignet ist und welche er ausreichend sicher beherrscht. Hier variabel sein zu können ist von großem Vorteil.

Basiswürfe

Das Rollen (rouler)
Die Kugel wird in der Nähe des Körpers am Boden aufgesetzt und rollt dann ihren Weg zum Ziel. Ein Wurf, der meist aus der Hocke ausgeführt wird.

Halbportée (demi-portée)
Die Kugel wird im Bogen geworfen und rollt dann zum Ziel weiter. Der Aufsetzpunkt der Kugel ist dabei ca. 1/3 bis 2/3 der Wegstrecke bis zum Ziel. Es kann im Stand oder aus der Hocke gespielt werden.

Hochportée (portée oder plombée)
Eine schwierige Variante, die Übung und Geschick verlangt. Verlängert sich doch hier die Flugbahn der Kugel beträchtlich, was das Ganze natürlich fehleranfälliger macht. Dafür stellen im Weg liegende gegnerische Kugeln keine Gefahr mehr dar und bei tiefem Boden lässt sich präzise spielen. Plombée nennt man ein Hochportée, bei dem die Kugel auf dem Auftreffpunkt liegenbleibt. Man spielt einen sehr hohen Bogen.

Ein Sonderfall sind die **Effetwürfe**, die in allen Wurfvarianten ausgeführt werden können. Diese Techniken habe ich in meinem *Buch Boule/Pétanque für Fortgeschrittene* eingehend beschrieben.

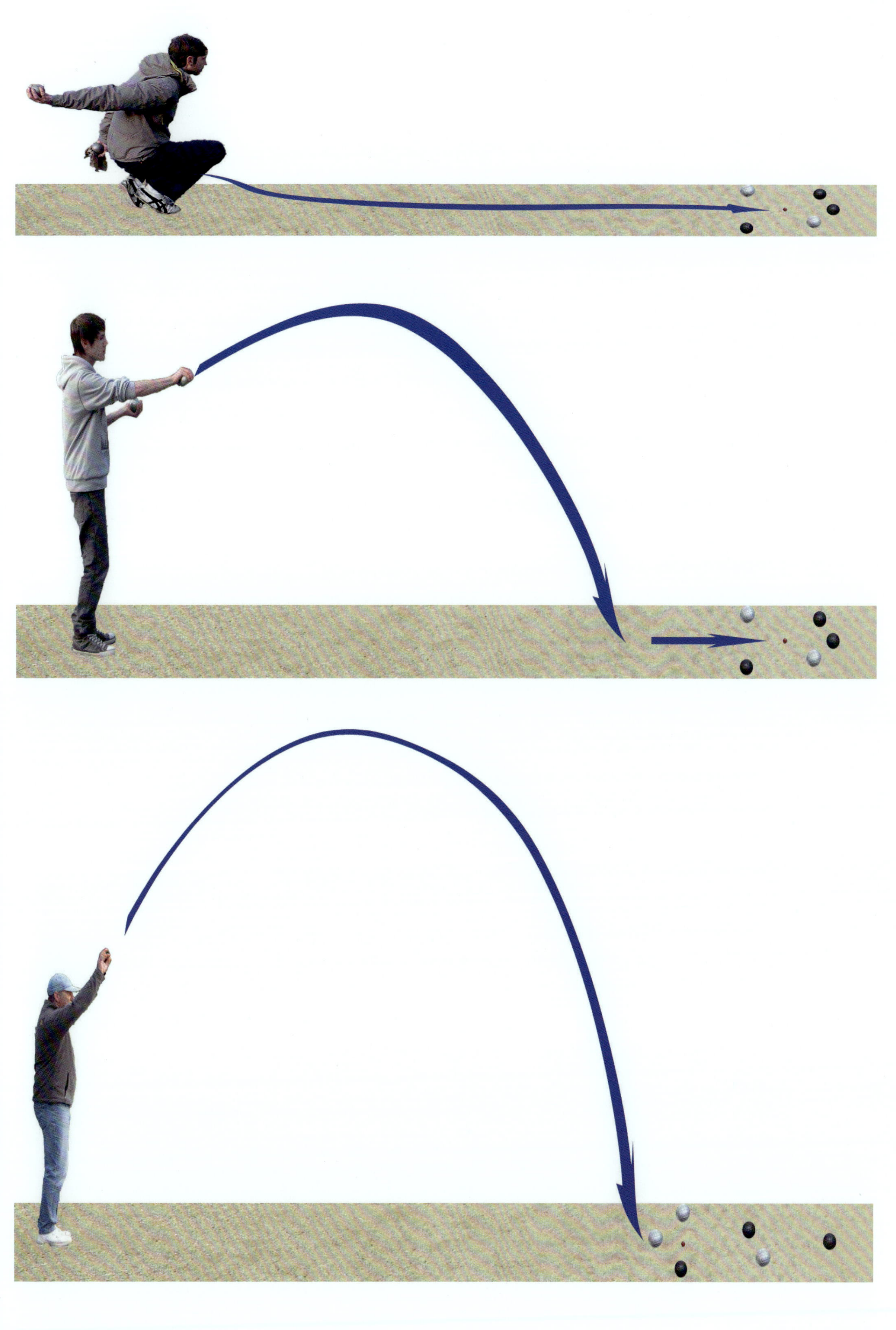

Einspielen zum Legen

Das Einspielen vor dem Training oder Turnier ist immer hilfreich. Es dient dazu die Muskulatur in Bewegung zu bringen, sich auf das Spiel einzustellen und ein Gefühl für den Boden und seinen Wurf zu entwickeln. Der Leger trifft hier auf wesentlich mehr Unvorhergesehenes als ein Schießer. Schon alleine die unterschiedlichen Böden sind eine wahre Herausforderung und selbst das bekannte Terrain des eigenen Vereins verändert sich ständig, je nach Wetterlage.

Zum Herantasten an den eigenen Wurf sollte man ihn zu Beginn möglichst vereinfachen. Einige Kugeln legen, ohne Zielkugel. Bei Turnieren ist es sinnvoll, seine Kugeln dabei gerade und diagonal über das Spielfeld laufen zu lassen. So kann man Unebenheiten oder Schrägen erkennen, die dem Auge sonst entgehen könnten.

Nachdem man die Eigenheiten des Spielfeldes eruiert hat, beginnt man, primär in die Richtung zur Zielkugel zu spielen. Nach diversen Versuchen ist die Sache klar und man kann bewusst versuchen, an die Zielkugel zu legen. Die nächste Phase ist, den Boden besser kennenzulernen. Wie reagiert er auf höhere Portées? Verspringen dann viele Kugeln? Auch bei harten Böden mit wenigen oder kleinen Steinen passiert das gerne, und das zum Teil öfter als bei mehr Belag und etwas größeren Steinen.

Mit welcher Wurfvariante erreiche ich das beste Ergebnis? Spiele ich - bei unterschiedlichen Eigenschaften des Bodens auf dem Spielfeld - lieber auf den harten/glatten/steinigen/weichen/sandigen/tiefen/schrägen Stellen? Und wo sind sie? So kann man sich langsam eine Wurfstrategie zum erfolgreichen Legen erarbeiten.

Einen Plan zu haben ist immer gut! Leider liegen aber meist Kugeln des Gegners im Weg oder im Gefahrenbereich und man kann seine favorisierte Wurfvariante nicht immer spielen. Deshalb probiert man in der Einspielphase die verschiedenen Wurfvarianten aus. Was passiert bei Hochportées und vor allem, bin ich dafür bereit? Nimmt der Boden mein Effet an? Und wenn, wie? Zum Abschluss sollte man einige Kugeln mit voller Konzentration, möglichst mit einem anvisierten Punkt als Donnée spielen und diesen vorher präparieren. Dann kann es losgehen!

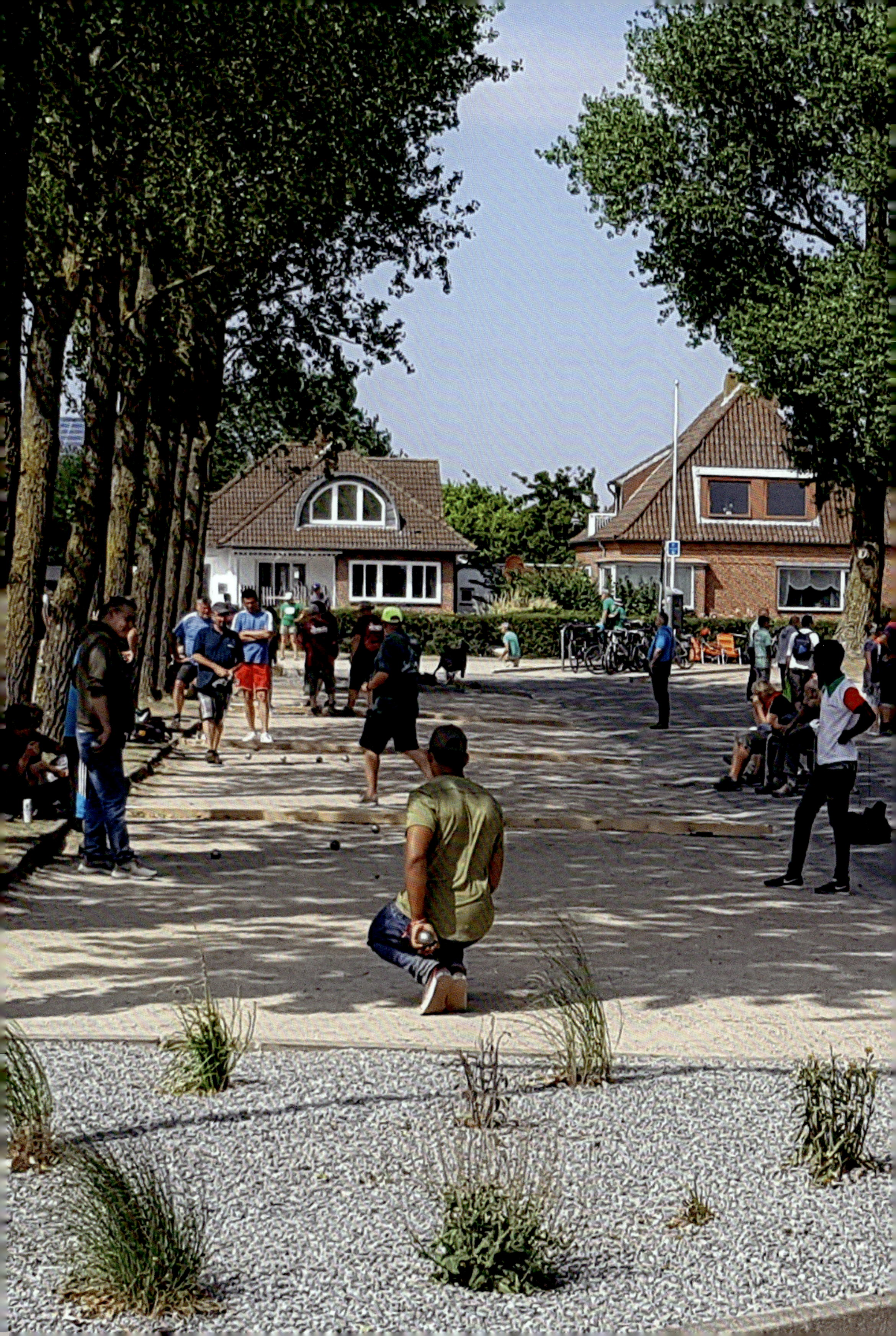

Wir starten mit zwei Spielen

Ringschlange

Ein Spiel, das uns hier im Trainingsbuch noch einmal begegnen wird. Es ist vermeintlich einfach, leicht aufzubauen und für viele verschiedene Techniken variabel einsetzbar. Noch dazu kann man die Anforderungen variieren, was aus einem einfachen Spiel eine harte Nuss macht - und vor allem, es macht Spaß. Solo zum Üben, im Team und als Wettkampf.

Ihr braucht neun Kreise, die ihr irgendwie schlangenförmig auf eurem Terrain aufzeichnet oder ihr verwendet Wurfkreise.
Der erste Kreis ist euer Startkreis. Den nächsten legt ihr auf 3 Meter, den folgenden auf 4 Meter und so weiter, bis der letze 10 Meter Distanz zum vorhergehenden aufweist.
Du hast deine drei Kugeln und versuchst sie in den nächsten Kreis zu legen. Klingt erstmal einfach, aber die zunehmende Distanz erschwert die Aufgabe. Eine von drei Kugeln in den Kreis zu bringen, ok, das dürfte machbar sein.
Dann dürft ihr zur nächsten Station. Wie viele Kugeln habt ihr gebraucht, um durch den Parcours zu kommen? Das geht auch als Teamspiel.
Doch die Anforderungen steigen, wie sieht es mit zwei von drei Kugeln aus - und mit allen drei?

Übers Ziel hinaus

Wir spielen wie gewohnt eine ganz normale Partie Boule - nur, jede Kugel, die hinter die Zielkugel gespielt wird, darf das gegnerische Team aus dem Spiel nehmen. Es gelten die offiziellen Regeln. Aus ist, mit vollem Umfang dahinter. Zielkugel bewegen, Gegner hinter die Linie drücken und schießen ist natürlich erlaubt. Ein Spiel, was viel Spaß macht und trainiert, vor der Zielkugel zu bleiben!

Damit seid ihr warm gespielt für die erste Aufgabe.

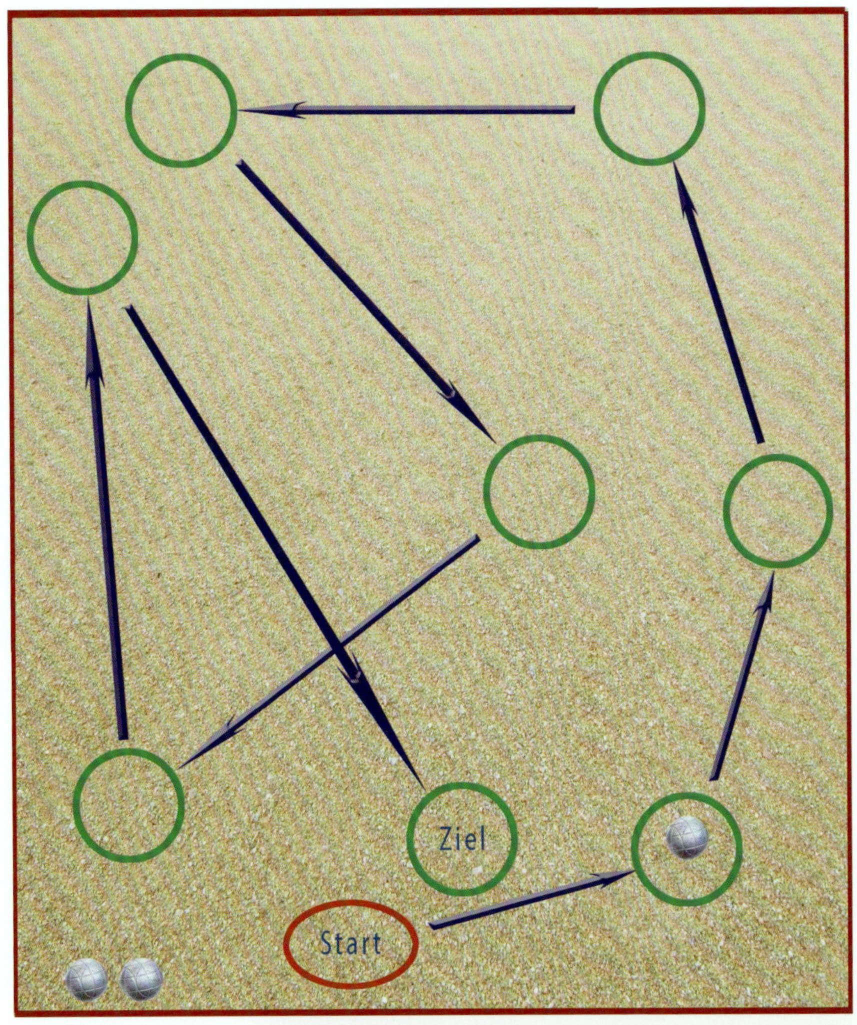

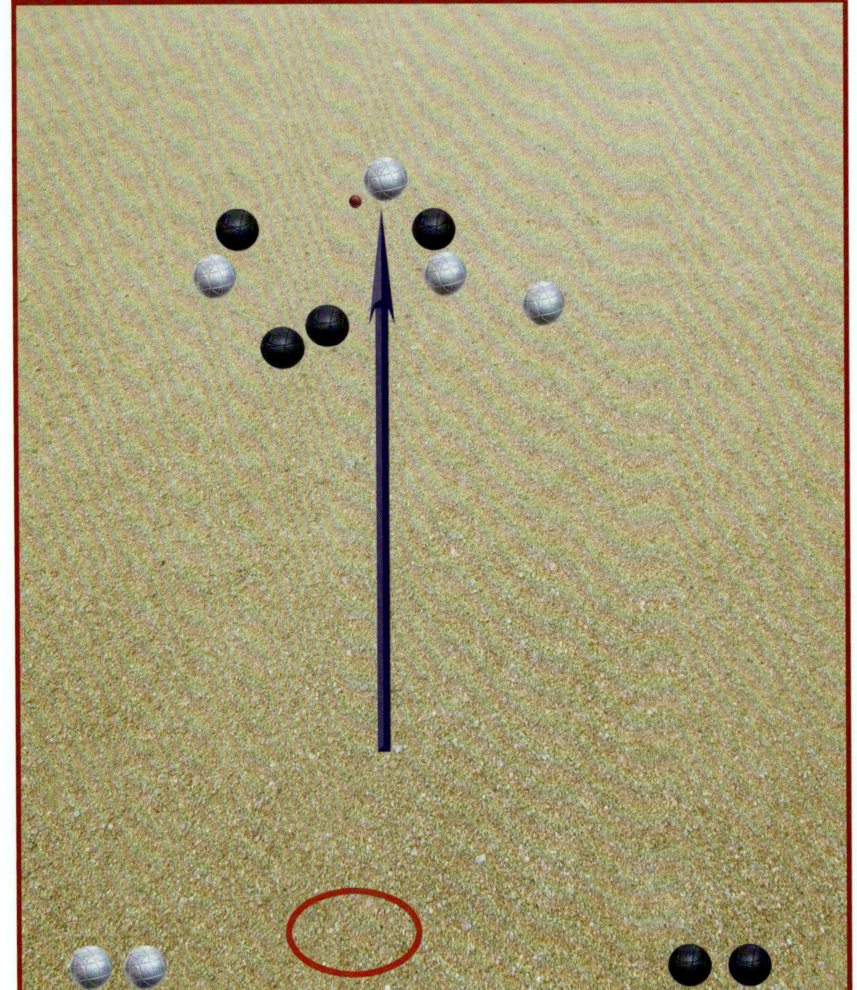

Schwarz ist am Zug und hat Zeitvorteil.
Man könnte die weiße Kugel schießen oder herausdrücken. Für zwei Punkte plus eventuell die Spielkugel,falls es ein Carreau wird, für drei.

Legen - Spielaufgabe 1

Legeübung 1

Die Übung gibt dir ein erstes Feedback, wie du mit Boden und Kugeln zurechtkommst. Es ist sowohl die genaue Richtung zur Zielkugel gefragt, als auch die Länge deines Wurfes. Man will ja gerne die zwei Punkte für den inneren Kreis! Probiere aus, ob du besser aus dem Stand oder aus der Hocke erfolgreich bist. Vielleicht sechs Meter aus der Hocke und acht und zehn Meter aus dem Stand? Du kannst auch die verschiedenen Basiswürfe ausprobieren, oder sie dir selbst vorgeben.

Legeübung 2

Hier ist eine exakte Richtung gefragt. Der kleinere Zielkreis macht es dir erheblich schwieriger zu punkten. Die Distanz zwischen den Balken kannst du variieren.

Legeübung 3

Dies hier ist eine Übung, um die Kugeln rollen zu lassen. Sowohl die Beschaffenheit der Aufsetzfläche für die Spielkugel, als auch die kurze Distanz erfordern viel Fingerspitzengefühl beim Tempo. Besonders bei glatten und harten Böden.

Legeübung 4

Hier musst du eine andere Technik einsetzen und ein Demiportée spielen. Der größere Zielkreis hilft dir Punkte bekommen zu können. Wenn ihr zu zweit trainiert, könnt ihr auch abwechselnd spielen. Das macht die Sache schwieriger, aber auch interessanter.

Legen - Spielaufgabe 1

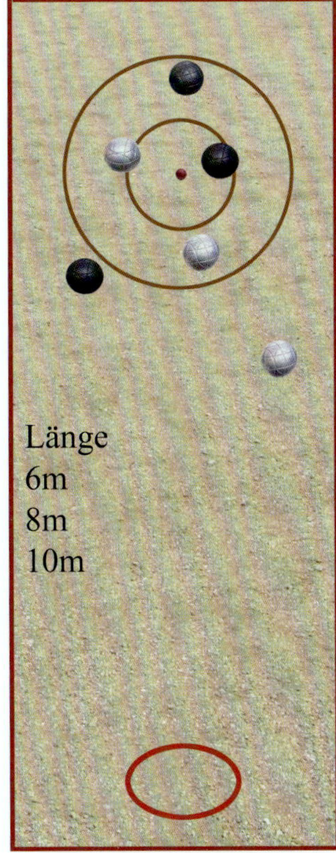

Legeübung: Kugeln in den Kreis legen.
Großer Kreis 1m
1 Punkt,
Innerer Kreis 50cm
2 Punkte

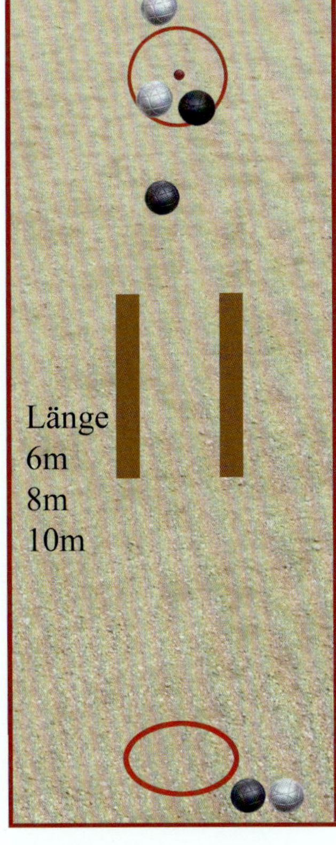

Legeübung: Kugeln in den Kreis legen.
Versuche, ohne die Banden zu berühren, in den Kreis zu legen, für je 2 Punkte

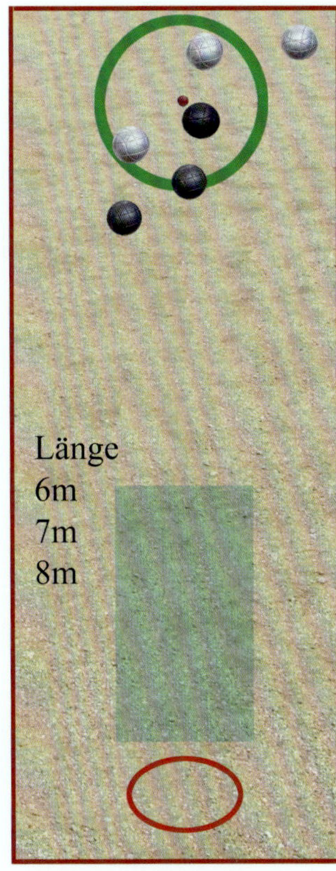

Legeübung:Portée legen. Kugeln in den Kreis rollen
Bringe so deine Kugeln in den grünen Kreis, für je 2 Punkte

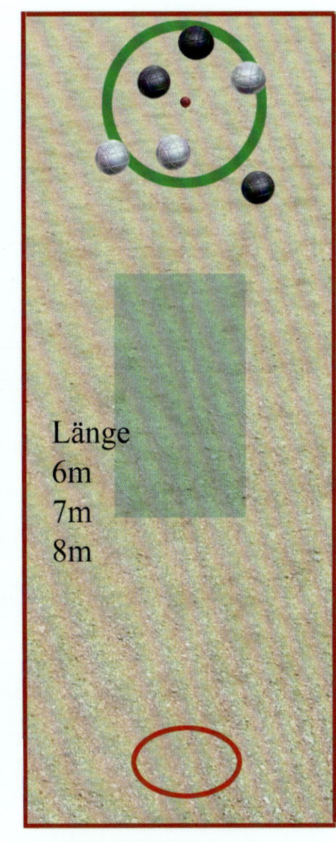

Legeübung:Demiportée legen. Werfe deine Kugeln im leichten Bogen.
Bringe so deine Kugeln in den grünen Kreis, für je 2 Punkte

Name :

Datum :

Übung 1	Punkte
6m	
8m	
10m	

Punkte erreicht :

Übung 2	Punkte
6m	
8m	
10m	

Punkte erreicht :

Übung 3	Punkte
6m	
7m	
8m	

Punkte erreicht :

Übung 4	Punkte
6m	
7m	
8m	

Punkte erreicht :

Gesamt:

Legen - Spielaufgabe 2

Legeübung 1

Die Intention dieser Übung ist die gleiche wie im Spiel „Übers Ziel hinaus". Durch den Punktabzug beim Legen ins Aus wird die Fokussierung auf den Zielbereich verstärkt und Mut zum Risiko eingefordert.

Legeübung 2

Durch die zentrale Positionierung der mittleren Gegnerkugel bist du bei dieser Übung gefordert, dezentral zu spielen. Die Aufsetzfläche in der Mitte der Distanz engt deinen Aktionsraum noch weiter ein. Wenn du mit den ersten Kugeln zu kurz legst, wirst du dir den Weg für die dritte Kugel verbauen.

Legeübung 3

Diese wird dir bestimmt am meisten Spaß machen. Hier ist ein hohes Portée gefragt. Die halbierten Reifen haben den Vorteil, dass sie ca. 10 cm hoch sind, kein Wasser darin stehen bleibt und gegenüber einem ganzen Reifen die Kugeln bei Kontakt nicht gefährlich durch die Gegend fliegen. Dass du deine Punkte durch die größere Entfernung optimieren kannst, ist ein zusätzlicher Anreiz.

Legeübung 4

Eine ganz wichtige Legeübung, um variabler spielen zu können. Hier musst du als Pointeur weg von deiner Schokoladenseite (die Wurfhandseite) und leicht diagonal spielen. Irgendwann sollte es dir egal sein, ob du links oder rechts der Zielkugel legst. Dann sollte lediglich die taktische Überlegung ausschlaggebend sein.

Legen - Spielaufgabe 2

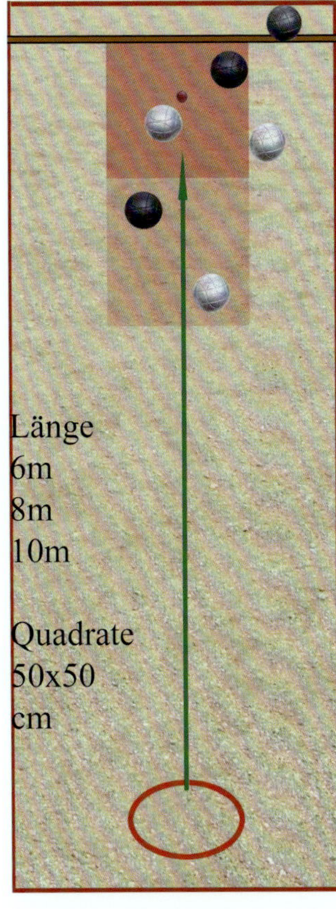

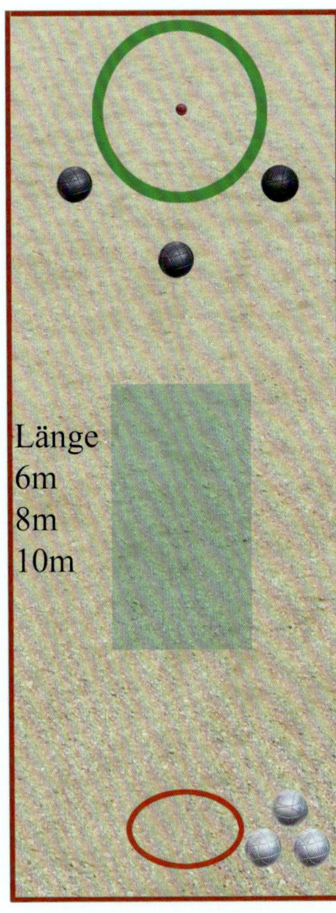

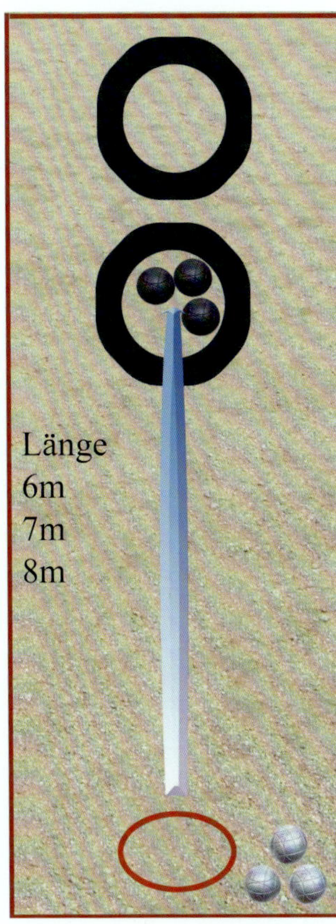

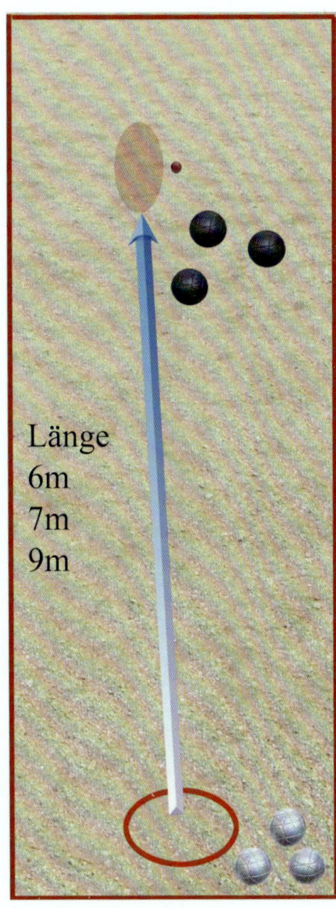

Legeübung: Kugeln auf Entfernung legen. Bringe die Kugeln in die roten Quadrate. Hell 1Punkt, dunkel 2Punkte hintere Linie -1 Punkt

Legeübung mit Aufsetzfläche in der Mitte.
Lege ohne die generischen Kugeln zu berühren.
Kugel im Kreis 1 Punkt

Legeübung: Hochportée legen. Mit hohem Bogen in den Reifen legen.
Kugeln in den vorderen Reifen, für 1 Punkt, hinterer 2 Punkte

Legeübung: links an den gegnerischen Kugeln vorbei auf Punkt legen.
Je 1 Punkt, Gegner berühren - 1 Punkt.
für Linkshänder - rechts

Name :

Datum :

Übung 1	Punkte
6m	
8m	
10m	

Punkte erreicht :

Übung 2	Punkte
6m	
8m	
10m	

Punkte erreicht :

Übung 3	Punkte
6m	
7m	
8m	

Punkte erreicht :

Übung 4	Punkte
6m	
7m	
9m	

Punkte erreicht :

Gesamt:

Legen - Spielaufgabe 3

Legeübung 1

Das sieht nur einfach aus - ist es aber überhaupt nicht!
Auch die Zielkugel ist eine wichtige Spielkugel, mit der du das weitere Geschehen in der Aufnahme bestimmen kannst. Eine gewünschte Positionierung der Zielkugel zu erreichen, ist dein Vorteil.

Legeübung 2

Diese Übung kannst du mit deinem Partner zusammen im Wechsel spielen. Zumindest musst du hier ein Demiportée spielen. Das Hindernis ist auf ca. 2/3 der Wegstrecke aufzubauen und verändert sich so je nach gespielter Länge.

Legeübung 3

Hier stören dich die schwarzen Kugeln des Gegners. Die vordere Kugel liegt 1 Meter vor der Zielkugel - und wird doch irgendwie gerne getroffen. Wenn du eine der anderen schwarzen Kugeln zu fest berührst, kann dir das schnell einen Minuspunkt einbringen.

Legeübung 4

Hier wird es dann schon richtig schwierig. Versuche, zuerst mit deiner ersten oder falls es nicht gelingt, auch mit den folgenden, die linke schwarze Kugel etwas herauszudrücken. Damit hast du die Chance, weitere Punkte zu legen. Man könnte natürlich direkt in das Zielfeld legen, es geht aber darum, mit unterschiedlichen Geschwindigkeiten auf die gleiche Länge zu spielen.

Legen - Spielaufgabe 3

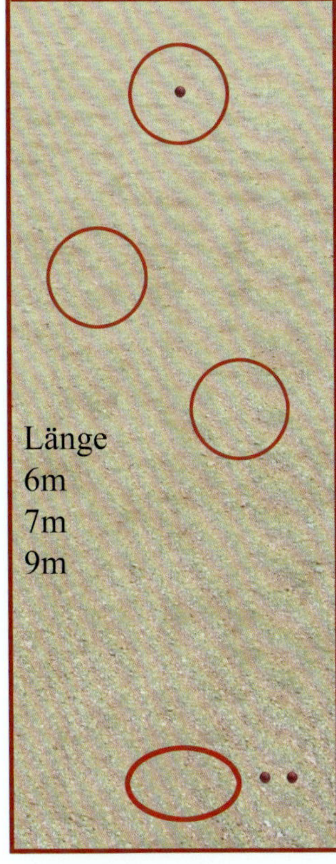

Legeübung:
Zielkugeln in den Kreis legen
6 und 7 Meter
1 Punkt,
9 Meter 2 Punkte

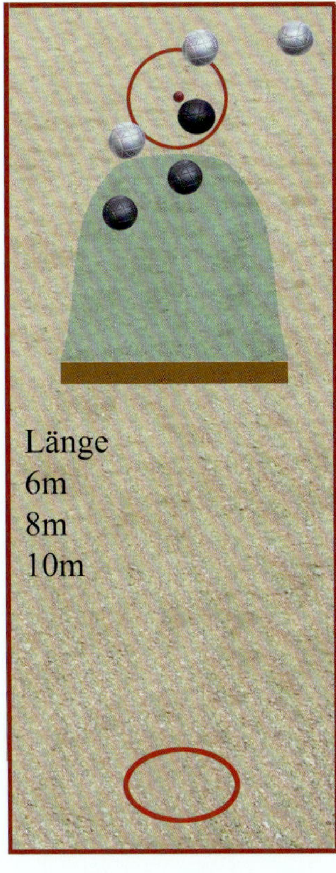

Legeübung: Kugeln über das Hindernis in den Kreis legen. Versuche, ohne das Holz zu berühren, in den Kreis zu legen, für je 2 Punkte

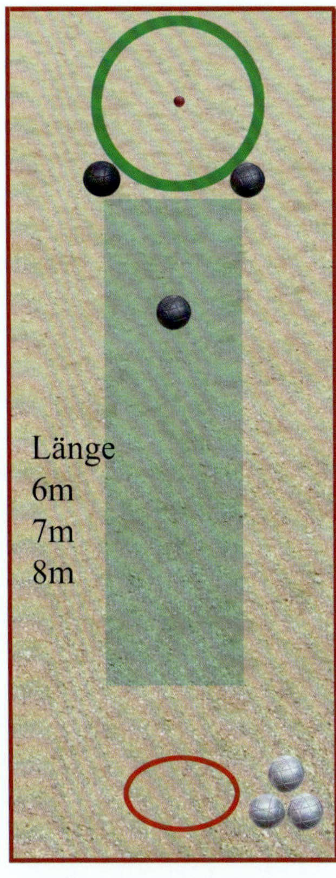

Legeübung: In den Kreis legen. Drückst du eine schwarze Kugel in den Kreis, 1 Punkt Abzug
Grüner Kreis für
je 2 Punkte

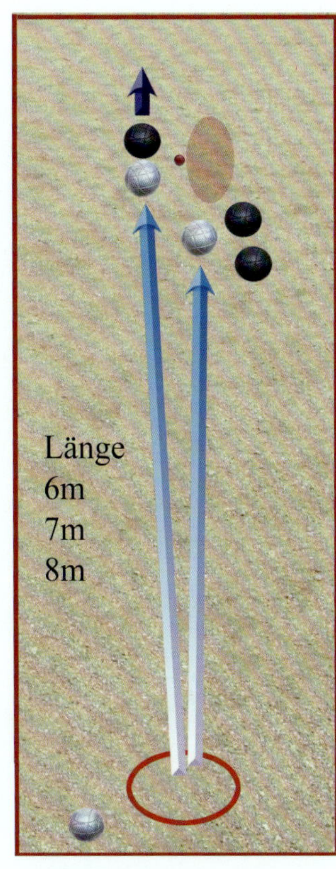

Legeübung:Demiportée legen. Drücke die linke, schwarze Kugel heraus für Platz und lege Punkte im Zielfeld.
je 2 Punkte

Name : **Datum :**

Übung 1	Punkte
6m	
7m	
9m	

Punkte erreicht :

Übung 2	Punkte
6m	
8m	
10m	

Punkte erreicht :

Übung 3	Punkte
6m	
7m	
8m	

Punkte erreicht :

Übung 4	Punkte
6m	
7m	
8m	

Punkte erreicht :

Gesamt:

Legen - Spielaufgabe 4

Legeübung 1

Ein Devant zu legen kann oft die Rettung der Aufnahme bedeuten oder zumindest die abgegebenen Punkte minimieren. Der Gegner wird nicht gerne auf das Päckchen schießen. Er wird im Regelfall zwei eigene Schusskugeln, die auch noch treffen müssen, mit einzuplanen haben. In dieser Übung werden die Devants flach gespielt. Die Länge ist bewusst kurz gehalten, da die Lösung der Aufgabe recht anspruchsvoll ist.

Legeübung 2

Eine deiner Kugeln wird platziert. Mit den zwei verbliebenen versuchst du, deine Kugel auf Punkt zu drücken. Auch hier wird flach gespielt. Kugeln zu drücken ist offensichtlich eine gute Lösung zu Punkten zu kommen - aber auch eine gefährliche. Oftmals stimmt das Tempo nicht oder man trifft die eigene Kugel erst gar nicht und das Malheur ist da. Überlege dir immer, ob es nicht eine einfachere Lösung gibt.

Legeübung 3

Im Gegensatz zu den vorhergehenden Übungen werden hier die Kugeln mit einem Demiportée oder Hochportée gespielt. Deine Spielkugel benötigt dafür viel Rückeffet und du brauchst Gefühl, um schwarz nicht zu weit zu spielen.

Legeübung 4

Eine Hochportée-Übung. Das Hindernis liegt ca. 1 Meter vor der Zielkugel. Auf harten, glatten Böden ist das recht schwierig, auf tiefen Böden die optimale Technik. Suche dir am besten eine gut geeignete Stelle aus.

Legen - Spielaufgabe 4

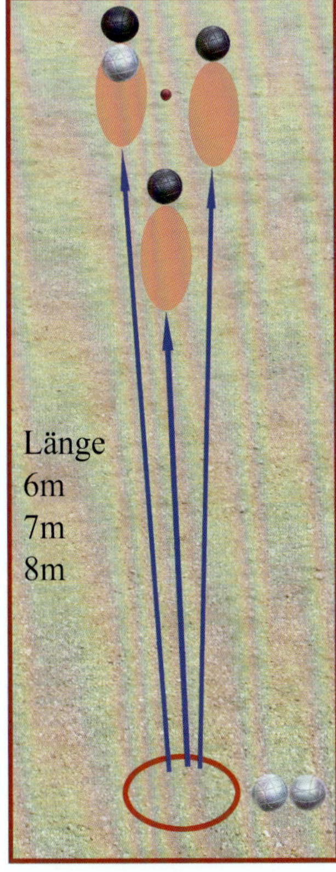

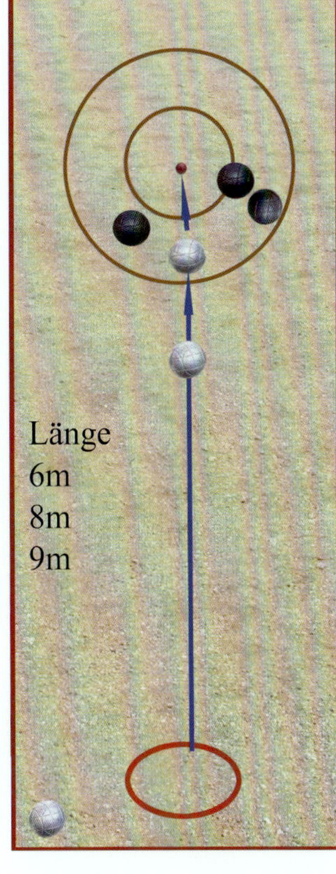

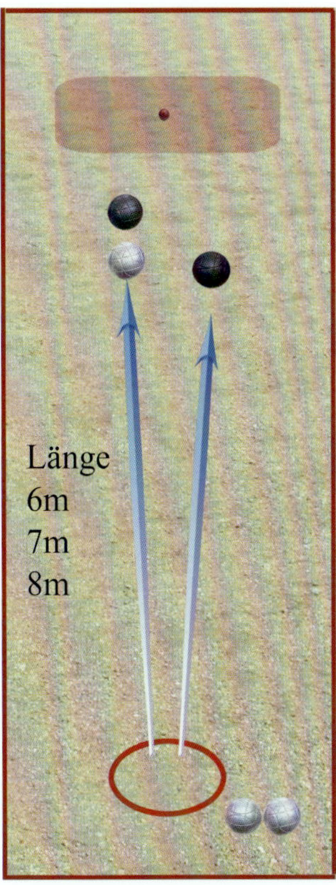

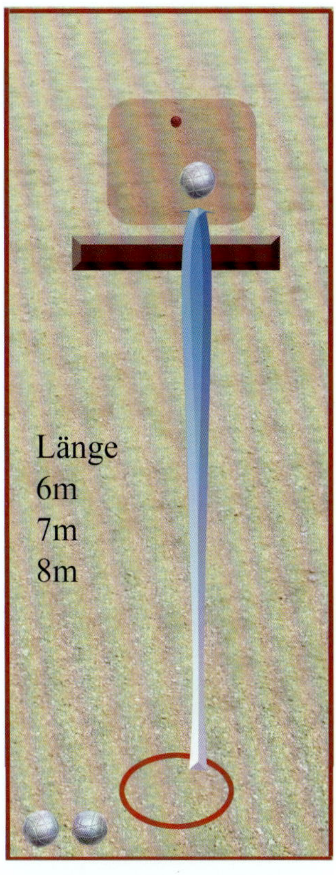

Legeübung: Zielkugeln devant vor die Gegnerkugeln legen.
6 und 7 Meter
1 Punkt,
8 Meter 2 Punkte

Legeübung: Hineindrücken von eigenen Kugeln auf Punkt. Eigene verbessern für je 2 Punkte im kleinen Kreis.
1 Punkt großer Kreis

Legeübung: In den Zielbereich drücken. Demi oder Hochportée spielen. Kurz vor schwarz aufkommen - für je
2 Punkte im Zielbereich

Legeübung:Hochportée legen. Spiele im hohen Bogen über das Hindernis und lege Punkte im Zielfeld.
für je 1 Punkt

Name :

Datum :

Übung 1	Punkte
6m	
7m	
8m	

Punkte erreicht :

Übung 2	Punkte
6m	
8m	
9m	

Punkte erreicht :

Übung 3	Punkte
6m	
7m	
8m	

Punkte erreicht :

Übung 4	Punkte
6m	
7m	
8m	

Punkte erreicht :

Gesamt:

Legen - Spielaufgabe 5

Legeübung 1

Legen mit Donnée. Das Donnée ist der Punkt, den du dir für deinen Wurf aussuchst. Im Spiel ist das abhängig vom Boden und der Wurfart, die du auswählst. Nicht immer ist überall eine gut geeignete Fläche. Steine oder Unebenheiten, Schrägen etc. machen ein erfolgversprechendes Legen schwieriger. Als Material für die Données hat sich eine Kofferraumschutzmatte für PKWs bewährt. Sie ist flexibel, reißfest und bleibt im Gegensatz zu Tüchern auch nach einem Treffer meist am Platz liegen.

Legeübung 2

Hier kannst du dir aussuchen, welche der drei Möglichkeiten du spielen möchtest. Probiere auch die anderen Versionen aus, so kannst du erkennen, mit welcher der Möglichkeiten du den größten Erfolg hast.

Legeübung 3

Spielen über bec. Mit dieser Variante kannst du gegnerische Kugeln dazu benutzen, deine eigenen ins Ziel zu bringen. Du musst dabei leicht fester spielen, denn der Kontakt mit schwarz kostet Energie. Mittig legen bedeutet hier „Gefahr“. Spiele als Rechtshänder wie im Bild, als Linkshänder entgegengesetzt, wie bei Übung 4 auf Spielaufgabe 2.

Legeübung 4

Die Zielkugel zu ziehen kann deine Aufnahme oder das ganze Spiel retten, als finale Rettungsaktion oder zur Punktemaximierung, wenn eigene Kugeln durchgelegt wurden. Ziehe sie aus dem Kreis oder aus dem Spiel.

Legen - Spielaufgabe 5

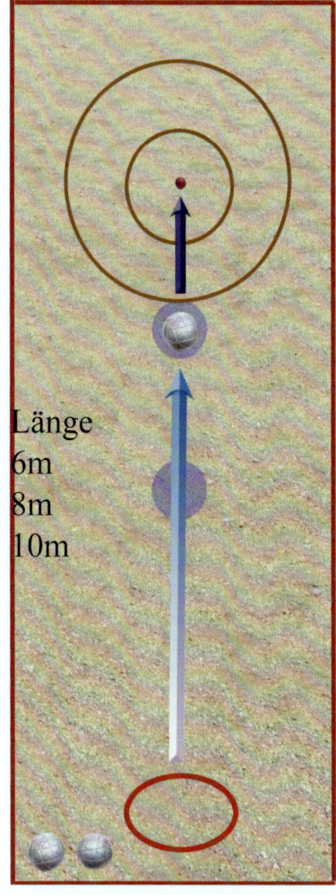

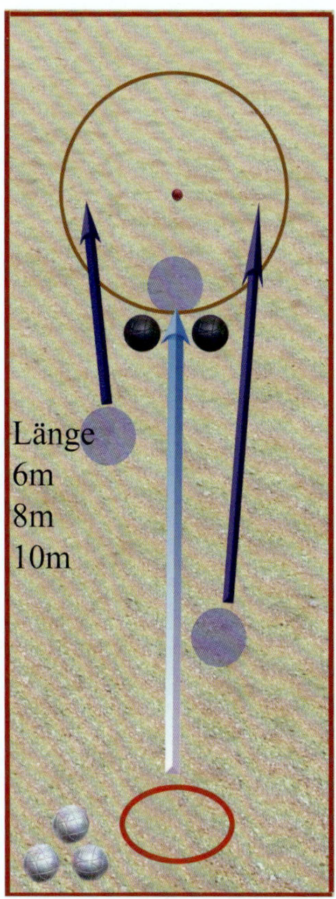

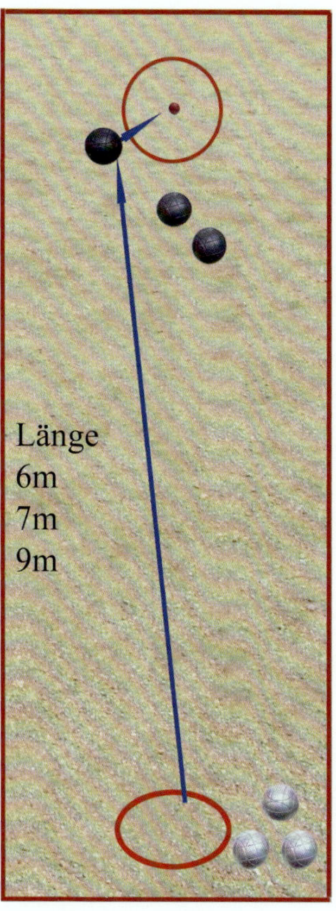

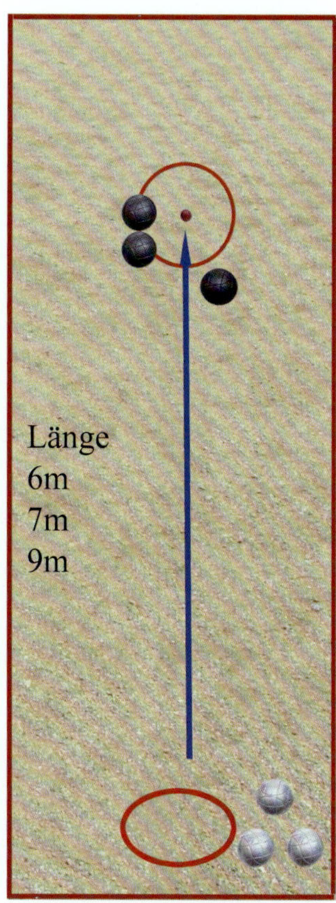

Legeübung mit Donnée. Treffe mit der Spielkugel das Donnée und lege in den Kreis.
1 Punkt großer Kreis
2 Punkte kleiner Kreis

Legeübung mit Donnée. Lege links Demiportée, Mitte Hochportée, oder rechts Portée

Kugel im Kreis 1 Punkt

Legeübung: Bec
Bringe deine Kugeln mithilfe der schwarzen Kugel in den Zielkreis.

für je 2 Punkte

Legeübung: Ziekugel ziehen. Lege mit flachem Portée und ziehe die Zielkugel aus dem Kreis. Gelingt es, bekommst du 2 Punkte

Name :

Datum :

Übung 1	Punkte
6m	
8m	
10m	

Punkte erreicht :

Übung 2	Punkte
6m	
8m	
10m	

Punkte erreicht :

Übung 3	Punkte
6m	
7m	
9m	

Punkte erreicht :

Übung 4	Punkte
6m	
7m	
9m	

Punkte erreicht :

Gesamt:

Legen - Spielaufgabe 6

Legeübung 1

Benutze die gegnerischen Kugeln als Bremse. Wenn du sie leicht nach hinten drückst, ist das auch ok. Es sollte genug Platz im Kreis sein, um alle drei Kugeln dort zu platzieren. Vorsicht vor der vorderen schwarzen Kugel. Gerade mit der letzten gespielten Kugel passiert gerne ein Unglück. Manchmal ist es sinnvoll, die hinteren Gegnerkugeln nicht zu schießen, sondern sie zu benutzen.

Legeübung 2

Benutze die linke schwarze Kugel, um bec mit deiner Kugel in den Kreis zu kommen. Der Weg rechts ist ziemlich zugebaut, die Mitte auch. Bec zu spielen ist hier das Mittel der Wahl oder mit Effet über rechts - aber das kommt noch ...

Legeübung 3

Die mittlere Kugel drücken - aber nur die mittlere! Man kann die Regel noch verschärfen, indem man in den Kreis gedrückte Gegnerkugeln mit -1 Punkt ahndet. Der Abstand zwischen den Kugeln ist 5 cm.

Legeübung 4

Ein offizielles Spielfeld ist 15 Meter lang. Da kann es schon passieren, dass die Zielkugel weit nach hinten gezogen wird. Auch darauf sollte man vorbereitet sein.

Legen - Spielaufgabe 6

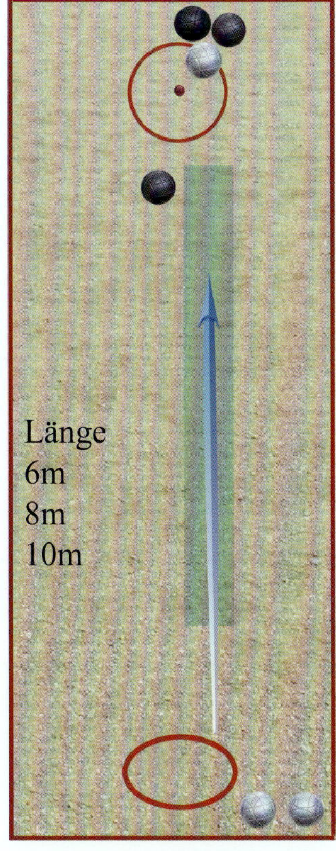

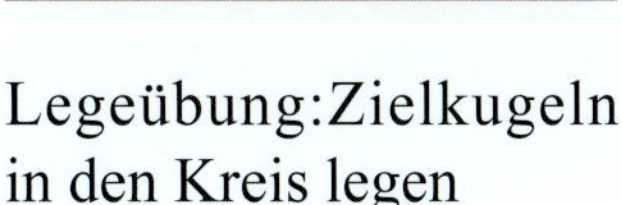

Legeübung:Zielkugeln in den Kreis legen

6 und 8 Meter
1 Punkt,
10 Meter 2 Punkte

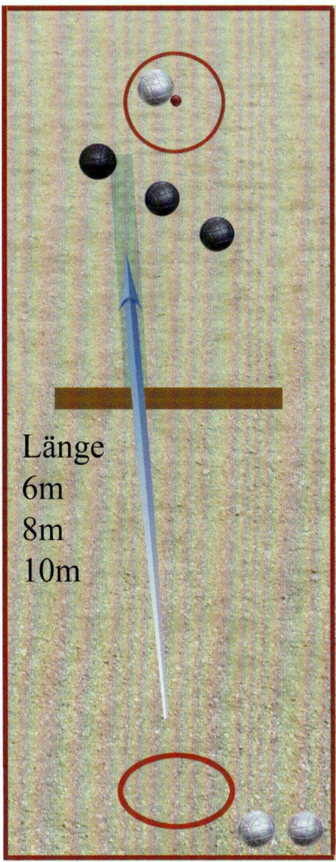

Legeübung: Kugeln über das Hindernis bec in den Kreis legen. Benutze die linke, schwarze Kugel zum touchieren,
für je 2 Punkte

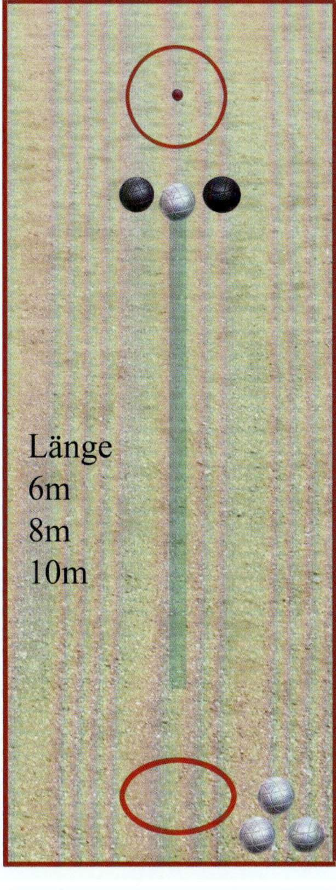

Legeübung: Drücke die Kugel deines Teams auf Punkt. Diese wird jedesmal so neu platziert.
1 Punkt für Kugel vor
2 Punkte Kugel im Kreis

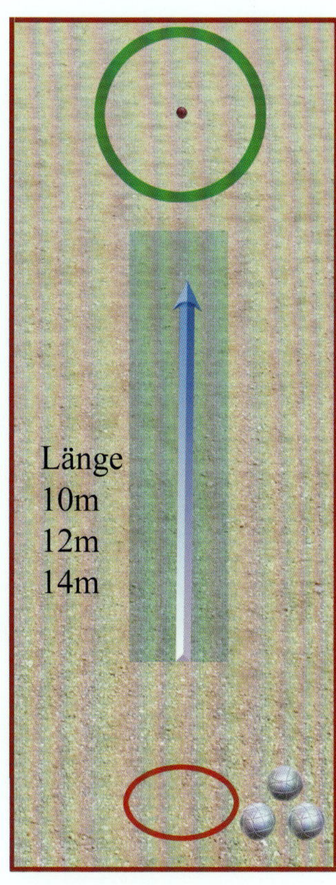

Legeübung:
Auf große Distanz.
Lege deine Kugeln in den grünen Kreis, für
je 2 Punkte

Name :

Datum :

Übung 1	Punkte
6m	
8m	
10m	

Punkte erreicht :

Übung 2	Punkte
6m	
8m	
10m	

Punkte erreicht :

Übung 3	Punkte
6m	
8m	
10m	

Punkte erreicht :

Übung 4	Punkte
10m	
12m	
14m	

Punkte erreicht :

Gesamt:

Legen - Spielaufgabe 7

Legeübung 1

Bei gleicher Spieldistanz und unterschiedlich weit entfernten Données musst du deinen Wurf entsprechend anpassen. Das geht mit unterschiedlicher Höhe oder auch mit mehr oder weniger Rückeffet in der Wurfkugel. Die Übung sieht erstmal leicht aus, verlangt aber eine hohe Konzentrationsleistung infolge der Aneinanderreihung unterschiedlicher Wurfvarianten.

Legeübung 2

Hier ist die Distanz größer, deshalb liegen die Données auch weiter vom Zielkreis entfernt. Auf 9 Meter mit Donnée 50 cm vor dem Ziel wäre nur bei geeignetem Boden gut spielbar. Oder man kann es halt, ... das sind aber nur die echten Top-Spieler.

Legeübung 3

Hochportée in den Ring ist immer eine Übung mit Spaßfaktor. Hier wird es etwas schwieriger, da die Distanz größer ist. Die Punkte zählen natürlich auch, wenn die Kugel nach dem Treffer im Ring herausspringt.

Legeübung 4

Zurück zum Anfang steht dort. Jetzt hast du viel Zeit mit Üben verbracht, deine Technik verbessert, bist viel variabler in deinem Spiel geworden und hast dich mit deinem Boulespiel weiterentwickelt.

Jetzt kannst du überprüfen und vergleichen, wie dein Ergebnis ist.

Legen - Spielaufgabe 7

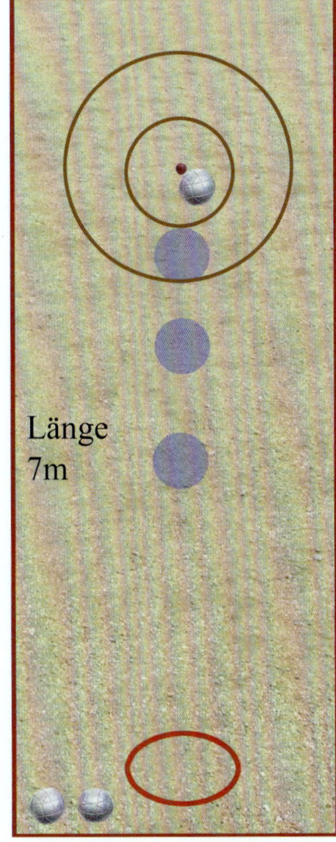

Legeübung: Kugeln in den Kreis legen und dabei auf die Données spielen
großer Kreis 1 Punkt,
kleiner Kreis 2 Punkte

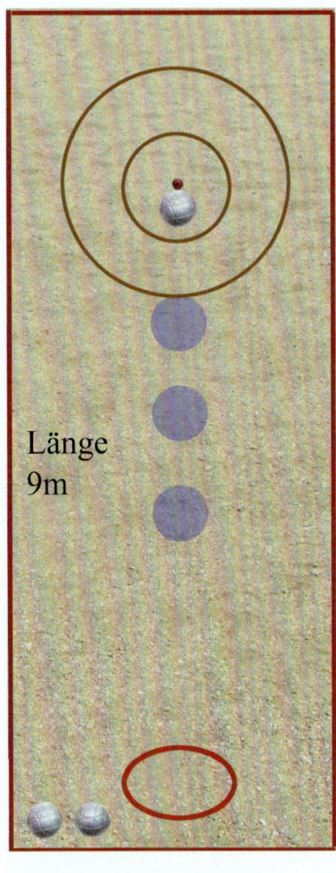

Legeübung: Kugeln in den Kreis legen und dabei auf die Données spielen
großer Kreis 1 Punkt,
kleiner Kreis 2 Punkte

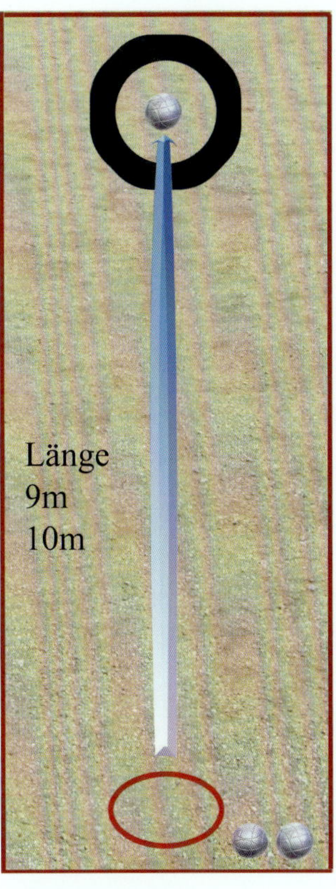

Legeübung:
Hochportéeübung
in den Reifen mit legen,
auf lange Distanz

für je 2 Punkte.

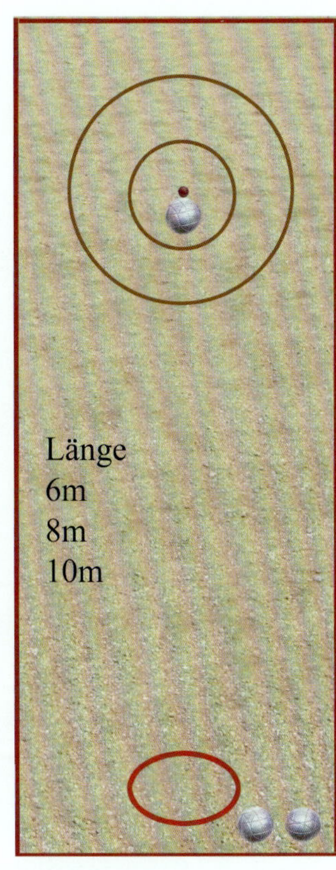

Legeübung:

Zurück zum Anfang

großer Kreis 1 Punkt,
kleiner Kreis 2 Punkte

Name : **Datum :**

Übung 1	Punkte
D1	
D2	
D3	

Punkte erreicht :

Übung 2	Punkte
D1	
D2	
D3	

Punkte erreicht :

Übung 3	Punkte
9m	
10m	

Punkte erreicht :

Übung 4	Punkte
6m	
8m	
10m	

Punkte erreicht :

Gesamt:

Legen - Spielaufgabe 8

Legeübung 1

Vorübung zum Effet spielen. Ihr könnt euch eine Linie ziehen oder vielleicht habt ihr ja ein abgespanntes Spielfeld. Nachdem man „den Bogen raus hat“, wie das mit den Effets funktioniert, platziert man sich links neben der Schnur oder einem Strich und setzt seine Kugel rechts daneben auf. Die Kugel soll dann wieder über die Schnur zurück in den Zielbereich laufen. Anfangs ist es schon ein Erfolg, wenn die Kugel wieder nach links in das Feld läuft. Die Länge eines Effetwurfes hinzubekommen ist oftmals schwieriger als das Effet an sich. Versuche diese Übung auf verschiedenen Böden, denn diese haben großen Einfluss auf die Annahme des Effets. Die unterschiedlichen Effet-Techniken und ihre Ausführungen sind in meinem Buch - *Boule/Pétanque für Fortgeschrittene* - erklärt.

Legeübung 2

Das Effet nach rechts ist am Anfang meist das schwierigere, wenn man es beherrscht, jedoch das mit der besseren Effetwirkung. Auch die 6 Meter sind nicht einfacher.

Legeübung 3

Beim Effet senkrecht zur Wurfrichtung wird nicht alle Drehenergie beim Aufkommen auf dem Boden abgegeben, sondern die seitliche Rotation der Wurfkugel ergibt eine Reihe kleiner Impulse, die die Laufrichtung bestimmen.

Legeübung 4

Hier ist mehr seitliches Effet gefragt, deshalb gibt es bei Erfolg auch mehr Punkte.

Legen - Spielaufgabe 8

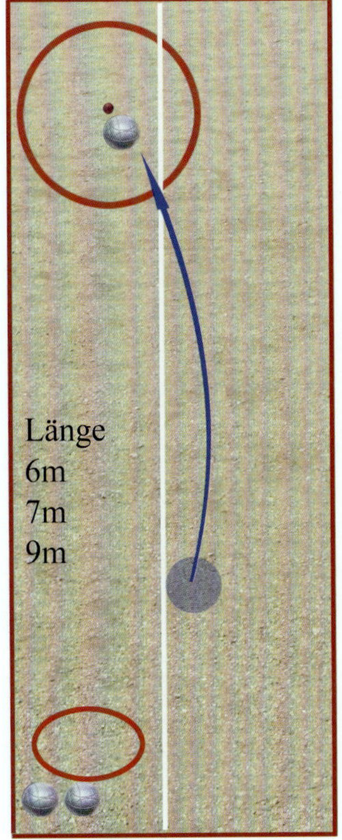

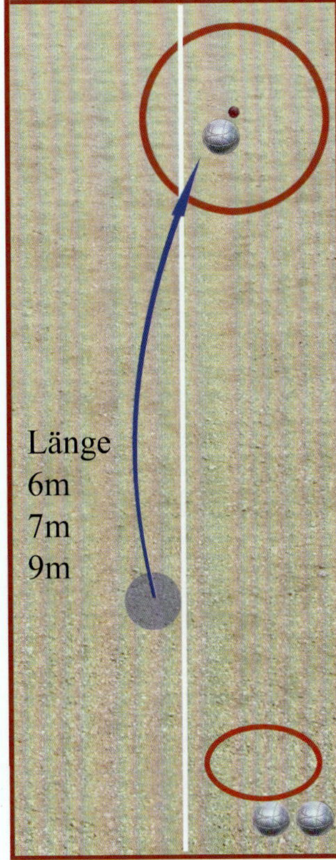

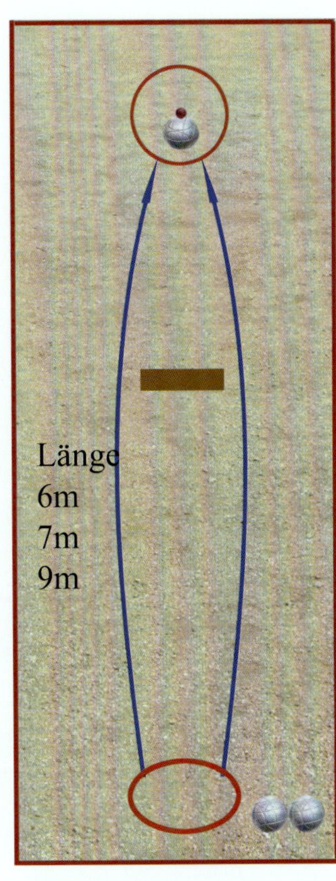

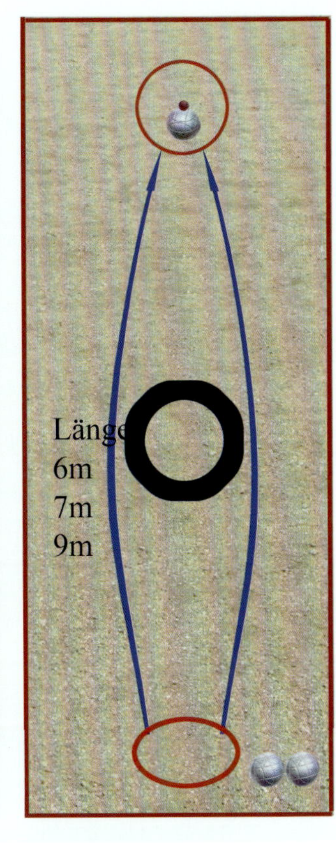

Legeübung: Effet links
Legen in den Kreis

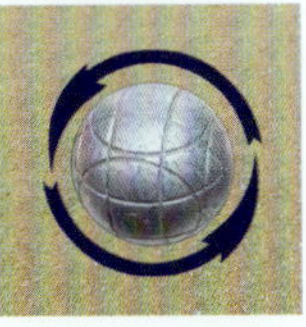

2 Punkte

Legeübung: Effet rechts
Legen in den Kreis

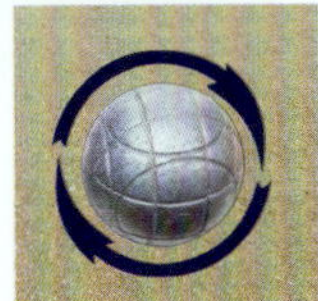

2 Punkte

Legeübung: Effet
Umspiele das Hindernis und lege in den Kreis für je 2 Punkte

Legeübung: Effet
Umspiele das Hindernis und lege in den Kreis für je 3 Punkte

Name :

Datum :

Übung 1	Punkte
6m	
7m	
9m	

Punkte erreicht :

Übung 2	Punkte
6m	
7m	
9m	

Punkte erreicht :

Übung 3	Punkte
6m	
7m	
9m	

Punkte erreicht :

Übung 4	Punkte
6m	
7m	
9m	

Punkte erreicht :

Gesamt:

Legen - Spielaufgabe 9

Legeübung 1

Im Gegensatz zur vorherigen Effetübung wird die Wurfkugel, wie die Pfeile auch zeigen, als Demiportée oder Hochportée gespielt. Die Wurfkugel rotiert parallel zum Boden, hier gegen den Uhrzeigersinn nach links. Beim Aufkommen gibt sie einen Großteil ihrer Rotationsenergie ab und es ergibt sich meist ein Winkel von 30-45 Grad Abweichung zur Wurfrichtung. Der Vorteil hier ist, dass du mit dieser Version störende gegnerische Kugeln gefahrloser umspielen kannst.

Legeübung 2

Beide Seiten spielen zu können ist immer besser! Jetzt mit Rotation im Uhrzeigersinn. Die Effets sind die schwierigsten Wurftechniken und der Trainingsaufwand ist entsprechend groß. Beim Spiel im Verein ist dann die richtige Zeit es auszuprobieren. Mit der Zeit wirst du sicherer werden und hast die Techniken auch fürs Turnier parat.

Legeübung 3

Zwei Kugeln des Gegners, zentral vor der Zielkugel, sind natürlich nicht viel. Meist kann man mit einer einfacheren Technik punkten, denn die Auswirkungen eines Effet-Wurfes sind nie wirklich genau vorhersehbar. Du musst das Risiko abwägen oder einfach zufrieden sein, auch wenn nur eine von mehreren Versuchen klappt. Immerhin war es der Versuch mit einer ambitionierten Technik.

Legeübung 4

Mit dem Reifen wird es deutlich schwieriger. Hier muss das Donnée neben dem Reifen getroffen werden. Reifen bis Zielkugel 1 Meter Distanz.

Legen - Spielaufgabe 9

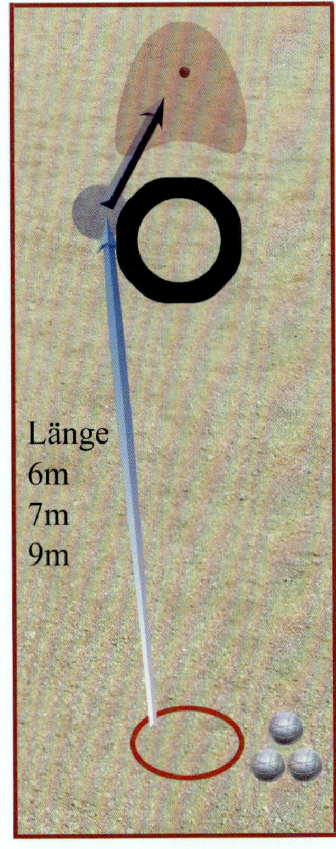

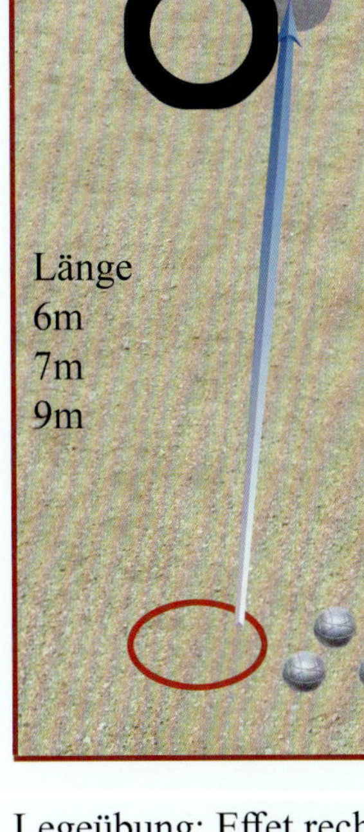

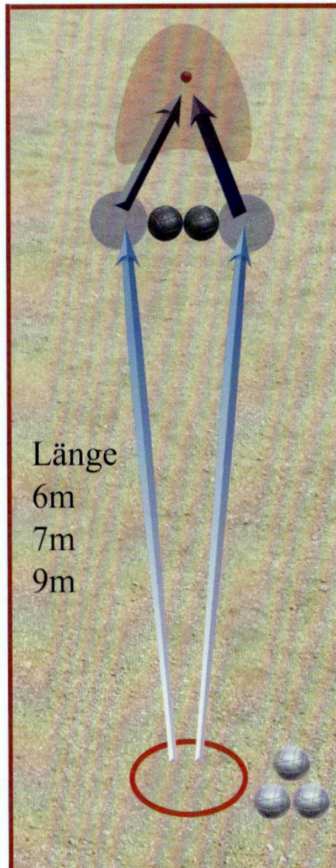

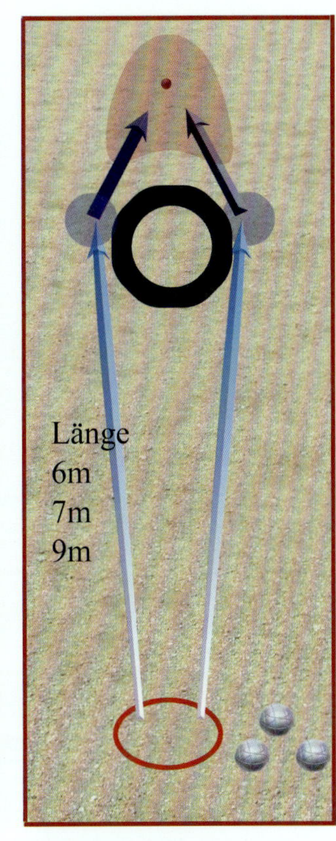

Legeübung: Effet links
Legen in den Kreis

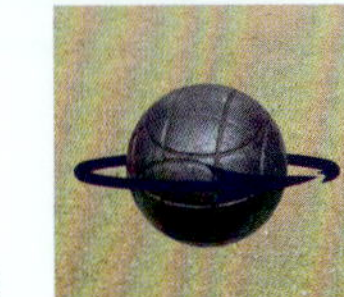

2 Punkte

Legeübung: Effet rechts
Legen in den Kreis

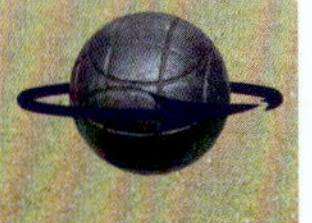

2 Punkte

Legeübung: Effet
Umspiele das Hindernis und lege in den Kreis für je 2 Punkte

Legeübung: Effet
Umspiele das Hindernis und lege in den Kreis für je 3 Punkte

Name :

Datum :

Übung 1	Punkte
6m	
7m	
9m	

Punkte erreicht :

Übung 2	Punkte
6m	
7m	
9m	

Punkte erreicht :

Übung 3	Punkte
6m	
7m	
9m	

Punkte erreicht :

Übung 4	Punkte
6m	
7m	
9m	

Punkte erreicht :

Gesamt:

Tireur - Techniken

Flachschuss, la Raclette, Raspaille oder „a la ràffle“
Bewegung wie beim Rollen (Legen), nur entsprechend fester. Aufsetzpunkt auf 1/3 bis 2/3 der Distanz.

Bogenschuss Tir un arc
Im Bogen vor die zu treffende Kugel schießen. Je nach individueller Technik variiert die Höhe des Bogens.

Tir devant
Kurz vor die zu treffende Kugel schießen, möglichst mit Rückeffet, damit die Schusskugel nicht über die zu treffende Kugel springt.

Tir au fer
Direkt auf Eisen. Je nach Auftreffpunkt auf der Kugel und dem Rückeffet wird ein Carreau (sur place) oder Rétro geschossen.

Le Palet
Meist ein flacher Schuss als Devant mit kaum Rückeffet, um die vor der Zielkugel liegende Gegnerkugel zu entfernen. Die Schusskugel rollt nach dem Aufprall weiter, bis zur Zielkugel wäre optimal.

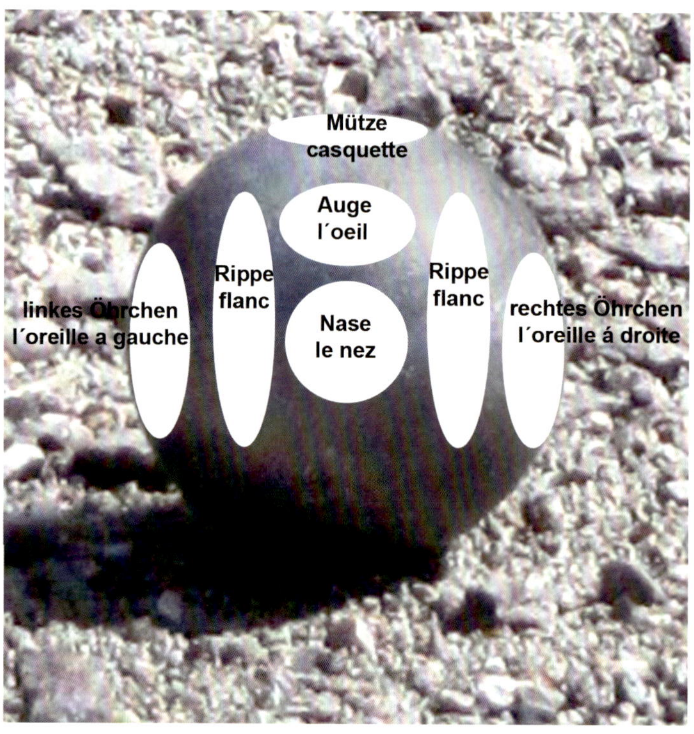

Auftreffpunkte auf der Kugel

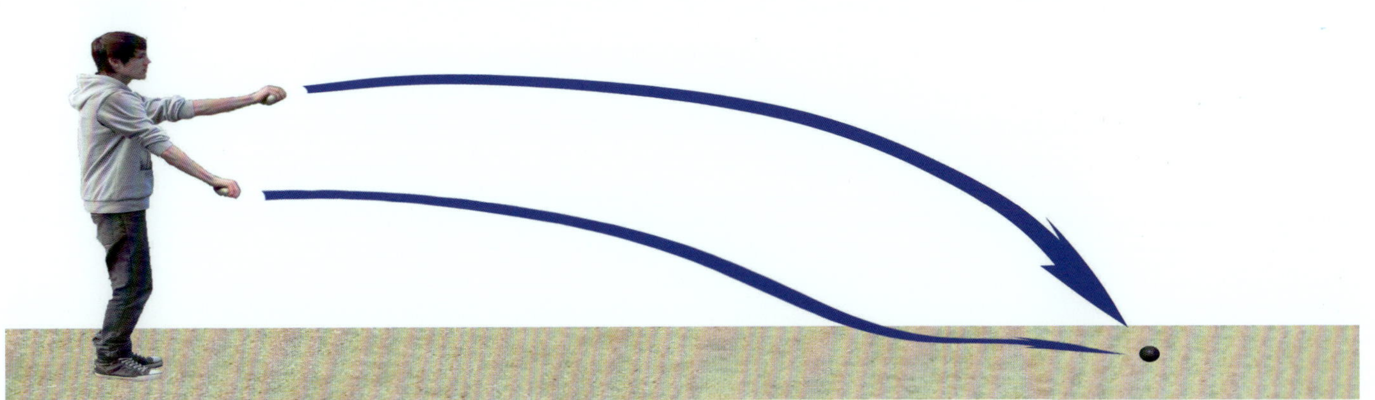

Der Bogenschuss au fer

Das tir devant

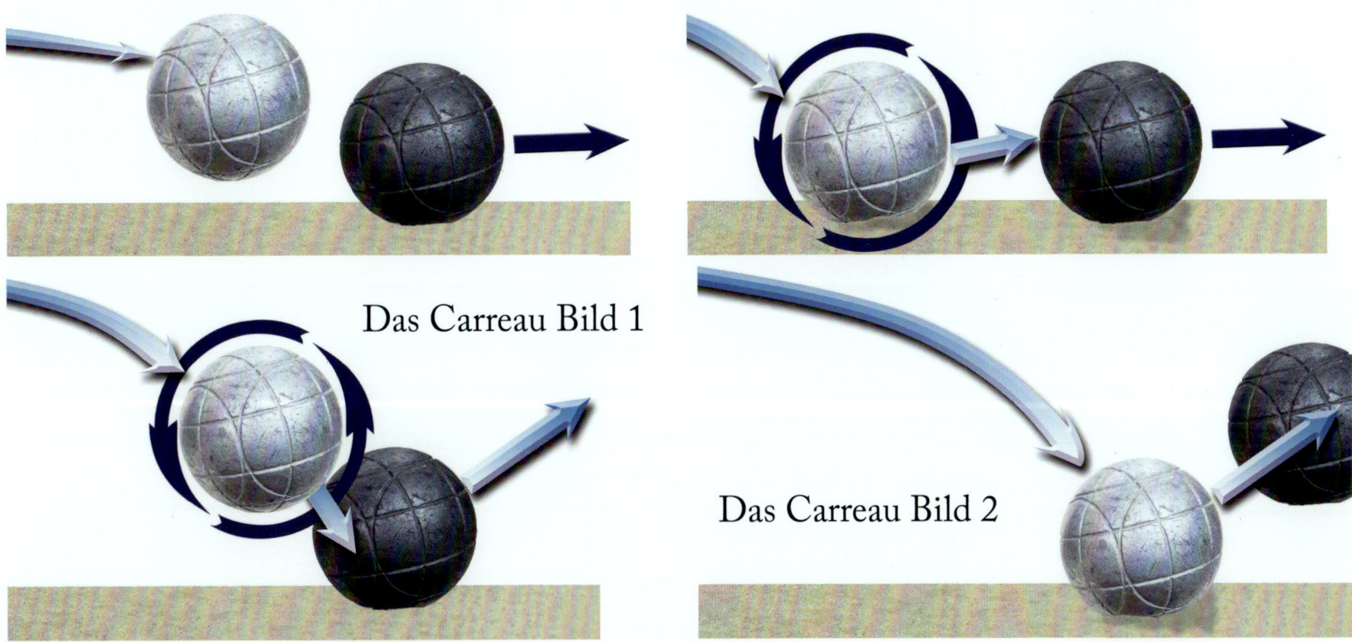

Das Carreau Bild 1

Das Carreau Bild 2

Das Rétro

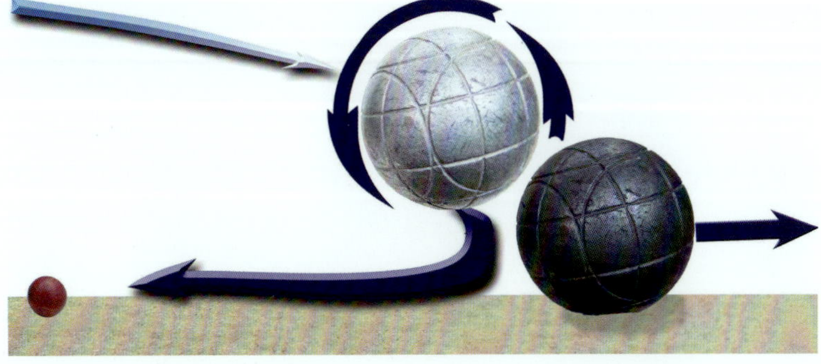

Das Palet

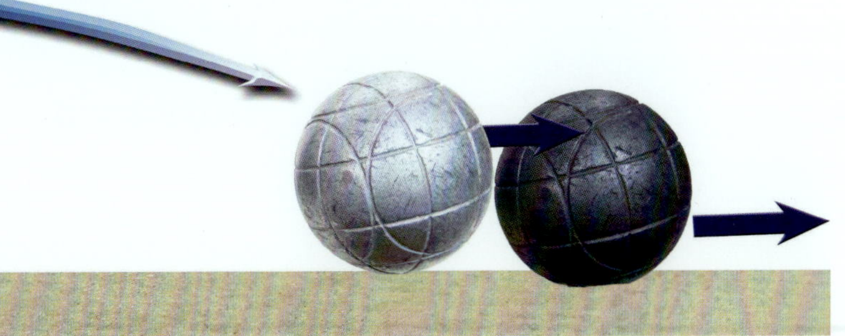

Warmschießen

Auf den Platz zu kommen und gleich loszuballern, das geht natürlich. Die Frage ist, ob das sinnvoll oder zielführend ist. Sinn macht es auf jeden Fall, vorab Muskulatur und Gelenkapparat mit einigen Übungen aufzuwärmen und geschmeidig zu machen. Gerade beim Schießen werden diese Strukturen stark belastet. Das fühlt sich zwar nicht unbedingt so an, ist es aber. Um halbwegs weit mit der immerhin ca. 700 gr. Kugel zu kommen, muss der Arm in der Schussbewegung schnell nach vorne geführt und ruckartig gestoppt werden. Durch die Schussbewegung werden Rumpfmuskulatur, Schulter- und Handgelenk und Arm stark belastet.

Nach einigen Dehn- und Bewegungsübungen kann man loslegen. Zuerst auf kurze Distanz. Das heißt auf vier bis sechs Meter.
Wie auch beim Einspielen zum Legen schießt man sich am besten warm, indem man die Anforderungen reduziert. Das heißt, kurze bis sehr kurze Distanz am Anfang. Das hat mehrere positive Aspekte.
Bei kurzen Distanzen ist die Belastung deutlich geringer und der gesamte Bewegungsapparat kann sich auf die später steigende Belastung beim Schießen auf zehn Meter besser einstellen. Die ersten Schüsse sollten nur zum Einfinden in den Bewegungsablauf dienen. Treffen ist zweitrangig, die Schussbewegung aber für eine exakte Richtung maßgeblich. Das erfordert erstmal keine hohe Konzentrationsleistung, die sich aber dann im Lauf des Warmspielens erhöhen soll.
Nach kurzer Zeit kann man gezielt auf die Kugel schießen, in der Absicht sie auch treffen zu wollen. Bei dieser kurzen Distanz am besten mit einem Carreau - und das mehrmals. Dann steigert man sukzessive die Distanz und Schwierigkeit (immer auf die hintere schießen, Päckchen schießen, Zielkugel schießen etc.).
Ein nicht zu unterschätzender Nebeneffekt dieses Vorgehens ist, dass mit den Treffern auf die kurze Distanz deine Wahrnehmung eine positive Erfolgsvorhersage auch für die nächsten Schüsse erwartet, du dich also positiv auch für die längeren Entfernungen konditionierst.
Die Trefferwahrscheinlichkeit wird dadurch steigen.

Für das Warmschießen kann man sich die verschiedensten Aufgaben stellen. Eine schöne Übung ist eine Kugel auf 5 Meter zu legen, diese zu treffen und danach auf die näherliegende der beiden Kugeln zu schießen. Die Aufgabe ist erfüllt, wenn du sechs oder zehn Treffer hintereinander schaffst. Bei dieser Aufgabe ist es natürlich perfekt, wenn immer ein Carreau geschossen wird. Das erleichtert die Sache ungemein. Ansonsten wird mit jedem Schuss die Distanz größer. Nach einem Fehlschuss musst du leider wieder von vorne beginnen.
Die Aufgabe kannst du dir sehr variabel stellen. Nur au fer gilt, fünf Treffer, wobei einer ein sur place sein muss, alles mit Flachschuss treffen, aber auch zwei Fehlschüsse sind in Ordnung.
Diese Übung ist auch für ein Teamwettbewerb super.
Im Team kann man die Ansprüche auch heruntersetzen. Jeder schießt seine drei Kugeln, wenn es einen Treffer gibt, ist der nächste dran. Welches Team braucht die wenigsten Schüsse?
Genauso kann man die Schießer unter Druck setzen und zehn oder mehr Treffer auf Zeit fordern oder das andere Team darf die Akteure durch Rufen oder Klatschen ablenken. Denn auch damit muss der Schießer zurechtkommen.

Gerade auch im Turnier vor jedem neuen Spiel ist ein Kurzprogramm „Schießen“ von Vorteil.

Spiele für den Tireur

Ringschlange Tireur

Der Spielaufbau ist bekannt. Jetzt musst du deine erste Kugel in den Kreis legen und diese mit einer deiner beiden verbliebenen wieder herausschießen. Geschafft? Dann geht es an die nächste Länge. Sieger ist derjenige, der für den Kurs die wenigsten Schusskugeln benötigt hat.

Reihe schießen

Vom Kreis aus werden Kugeln zum Schießen positioniert. 9 Kugeln 6-10 Meter, alle 50 cm. Wie viele Schüsse brauchst du, um sie von vorne nach hinten alle zu treffen? Und von hinten nach vorne? Oder im Teamspiel drei Schuss pro Länge. Wer nicht trifft, ist raus.

Immer weg damit

Zwei Teams stehen sich gegenüber auf ihrer Grundlinie. Eine Kugel wird in die Mitte gelegt. Jetzt schießt jedes Team abwechselnd auf die Kugel und versucht, diese hinter die gegnerische Grundlinie zu bringen. Ist das geschafft, gibt es einen Punkt. Die Entfernung zwischen den Grundlinien dürft ihr selbst festlegen, genau wie die Zahl der Punkte zum Sieg.

Carreau, oh no...

7 Kugeln werden aufgebaut. Zwischen 5 und 8 Meter, in je 50 cm Abstand. Als Treffer gilt nur ein Carreau (25 cm). Die Teams schießen abwechselnd. Welches ist als erstes durch? Alternativ kann man auch Zielkugeln auslegen, diese müssen natürlich nicht Carreau geschossen werden, aber getroffen werden ...

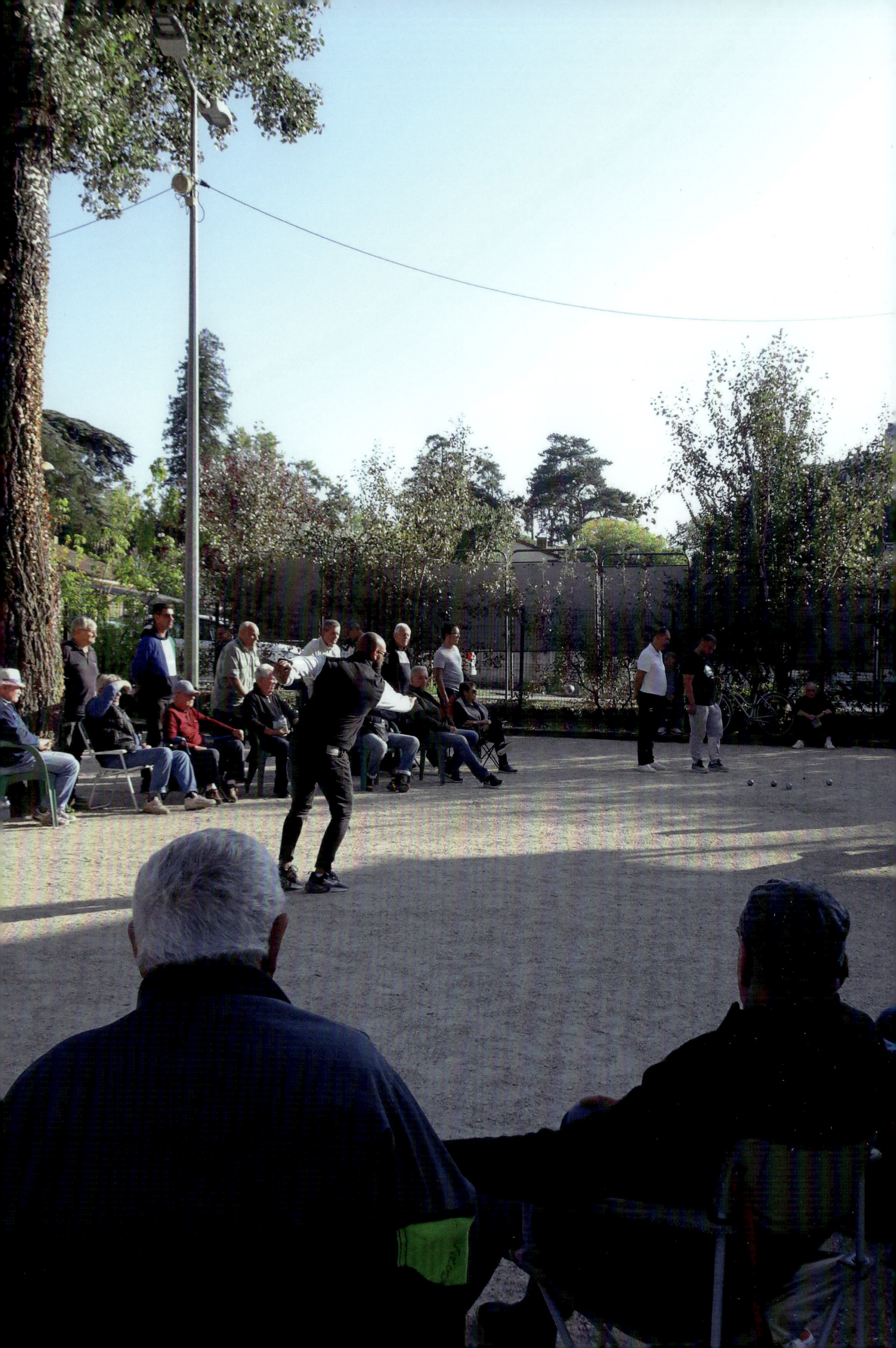

Schießen - Vorübung

Schussübung 1

Es muss ja nicht immer gleich die kleine Boulekugel sein, die man treffen muss. Mit einem größeren Ball geht das Schießen natürlich auch und man hat mehr Spaß dabei. Hier kannst du schon mal versuchen, mit der Schusskugel möglichst nahe ans Ziel zu kommen oder den Ball sogar direkt zu treffen. Das ist nicht einfach und man braucht dazu eine gute Auge-Hand-Koordination.

Schussübung 2

Hier wird es deutlich schwieriger, denn das Brett sollte nur ca 10-12 cm breit sein, und wenn man die Kante trifft, springt die Kugel zur Seite.

Schussübung 3

Die richtige Länge für den Schuss hinzubekommen, ist deutlich anspruchsvoller als nur die Richtung zu halten. Dies mehrmals hintereinander zu schaffen, ist schon richtig gut.

Schussübung 4

Drei schwarze Kugeln liegen und wollen getroffen werden. Die passende Technik ist hier der Flachschuss. Wenn du die mittlere Kugel triffst, hast du die beste Chance für viele Punkte. Denn für jede Kugel, die sich bewegt, bekommst du einen Punkt. Nach jedem Treffer wird das Bild neu aufgebaut. Natürlich kannst du die Aufgabe auch mit einem Bogenschuss lösen.

Schießen - Vorübung

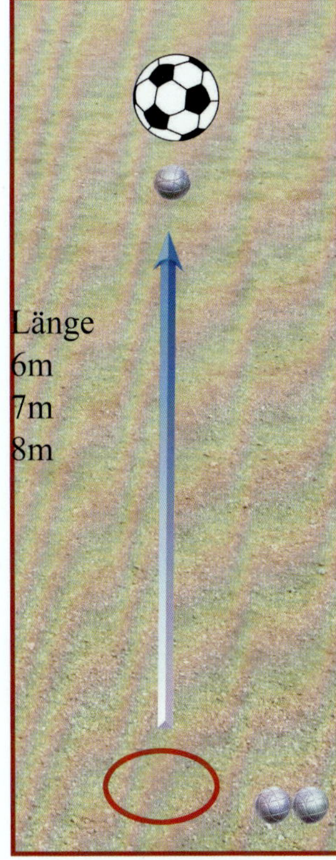

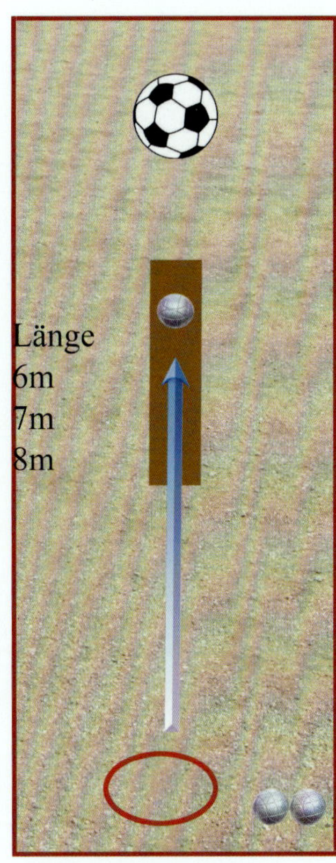

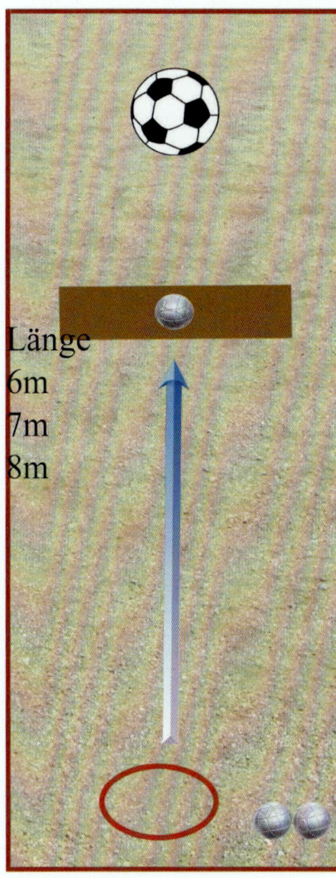

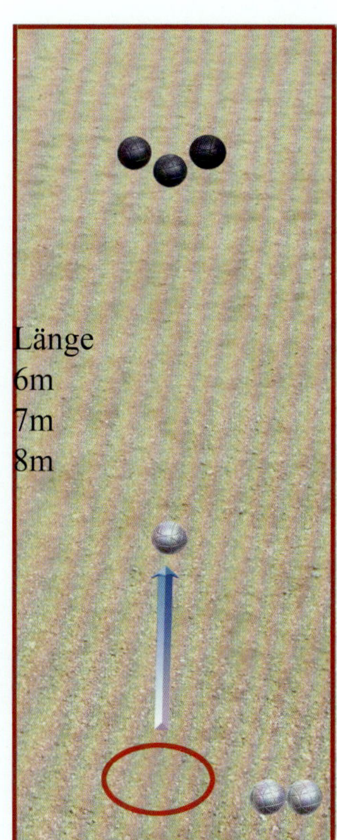

Schussübung:
Schieße mit einem Bogenschuss auf den Ball.
1 Punkt je Treffer.

Schussübung:
Treffe das Brett und damit auch den Ball.
1 Punkt je Treffer.

Schussübung:
Triff das Brett und den Ball
1 Punkt je Treffer.

Schussübung: Schieße mit einem Flachschuss auf die schwarzen Kugeln und versuche die Mitte zu treffen. Je bewegter Kugel 1Punkt.

Name :

Datum :

Übung 1	Punkte
6m	
7m	
8m	

Punkte erreicht :

Übung 2	Punkte
6m	
7m	
8m	

Punkte erreicht :

Übung 3	Punkte
6m	
7m	
8m	

Punkte erreicht :

Übung 4	Punkte
6m	
7m	
8m	

Punkte erreicht :

Gesamt:

Schießen - Spielaufgabe 1

Schussübung 1

Hier sollst du dich in das Thema Schießen einfinden. Übe zuerst auf kurze Distanz mit einem Bogen vor die zu treffende Kugel zu schießen. Meist ist ein Devantschuss 5-10 cm davor die sicherste Möglichkeit zu treffen. Bei harten, festen oder lehmigen Böden springen die Kugeln nach dem Bodenkontakt häufig über die zu treffende Kugel hinweg. Hier musst du entweder näher davor aufkommen oder mindestens 40 cm Abstand halten. Natürlich kann bei großem Abstand die Schusskugel seitlich verspringen. Die Profis schießen deshalb fast alles als Devant oder auf Eisen.

Schussübung 2

Aber es geht auch mit einem Flachschuss, den du hier versuchen sollst. Gut platziert kann er eine gute Variante sein. Beispielsweise um mehrere Kugeln mit viel Geschwindigkeit zu entsorgen oder wenn du auf sehr lange Distanz schießen musst.

Schussübung 3

Hier kannst du versuchen, ob Flachschuss oder eine andere Technik zielführender und erfolgreicher ist. Diese Übung hat bestimmt einen erhöhten Spaßfaktor, ist aber nicht realitätsnah.

Schussübung 4

Schaffst du es, alle drei Kugeln nacheinander zu treffen?

Schießen - Spielaufgabe 1

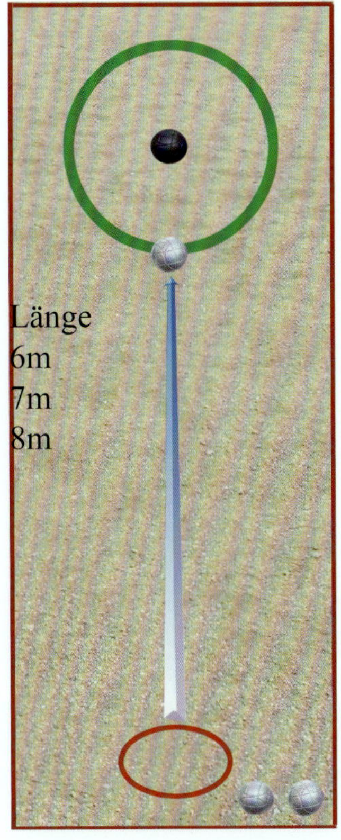

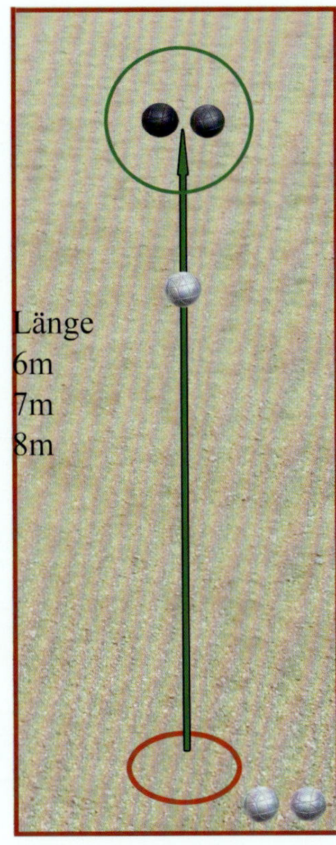

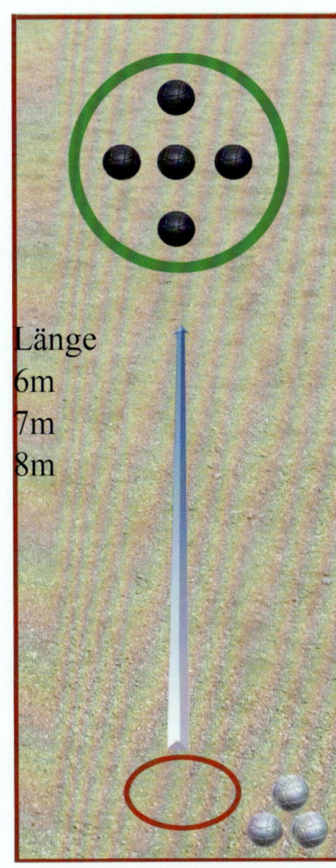

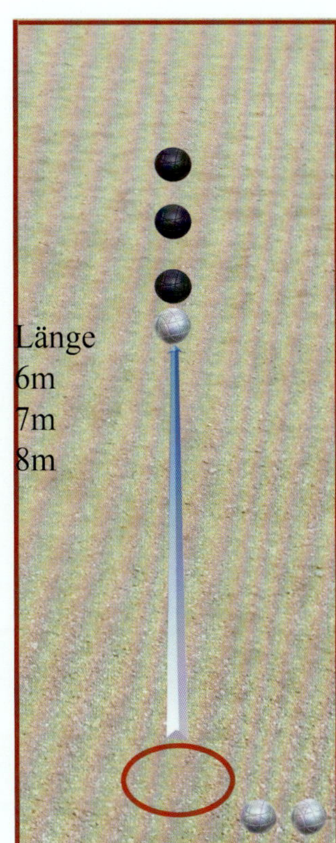

Schussübung:
Schieße mit einem Bogenschuss auf die Kugel
1 Punkt je Treffer.
Carreau sur place
3 Punkte

Schussübung:Schieße mit Flachschuss beide Kugeln. Eine Kugel 1 Punkt, beide Kugeln 2 Punkte. Carreau 3 Punkte

Schussübung:Abräumen Schieße mit beliebiger Technik auf die schwarzen Kugeln. (Schere?) Jede aus dem Kreis entsorgte Kugel 1 Punkte.

Schussübung: Schieße von vorne nach hinten die schwarzen Kugeln

,
Je Treffer 1 Punkt

Name :

Datum :

Übung 1	Punkte
6m	
7m	
8m	

Übung 2	Punkte
6m	
7m	
8m	

Übung 3	Punkte
6m	
7m	
8m	

Übung 4	Punkte
6m	
7m	
8m	

Punkte erreicht :

Punkte erreicht :

Punkte erreicht :

Punkte erreicht :

Gesamt:

Schießen - Spielaufgabe 2

Schussübung 1

Hier soll wechselnde Länge und Richtung geübt werden. Du kannst die zu treffenden Kugeln variabel aufbauen. Auch die Reihenfolge der zu treffenden Kugeln solltest du variieren.

Schussübung 2

Etwas schwieriger ist diese Vorgabe, bei der du die Kugeln von hinten nach vorne treffen musst. Zu Trainingszwecken kannst du auch hier natürlich zuerst die mittlere anvisieren, dann hinten und vorne.

Schussübung 3

Hier musst du schon präzise die Mitte der Kugel treffen. Das funktioniert mit allen Schusstechniken. Ein weicher Schuss eignet sich dafür am besten. Aber es funktioniert auch flach und fest. Probiere verschiedene Techniken aus.

Schussübung 4

Flach schießen ist hier nicht machbar. Die Übung eignet sich hervorragend, um viele Schüsse zu machen, denn meist bleibt die Kugel im Reifen liegen und man hat sofort ein neues Ziel.

Schießen - Spielaufgabe 2

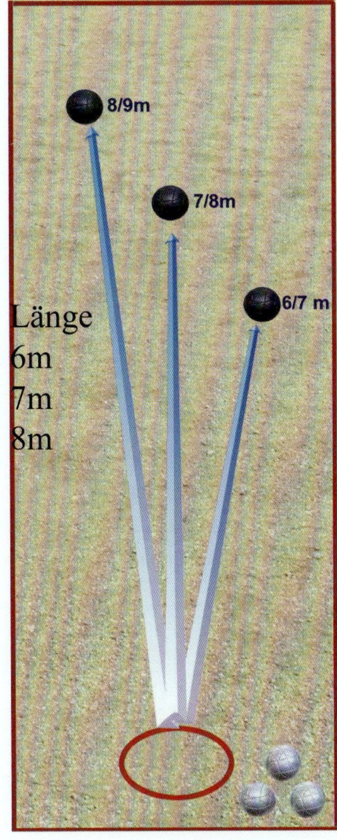

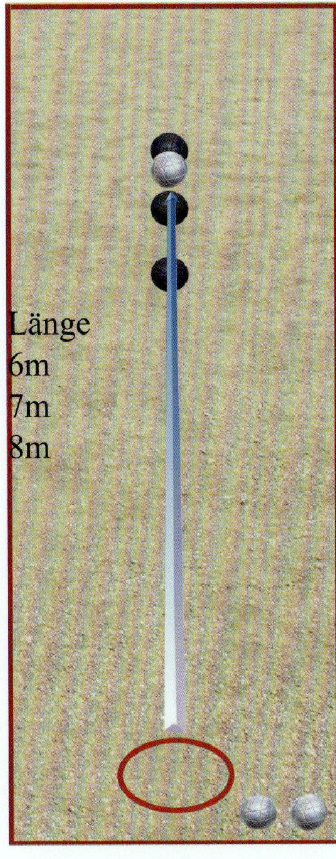

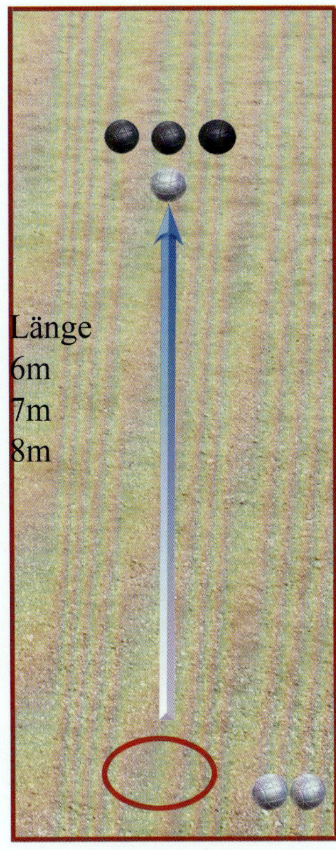

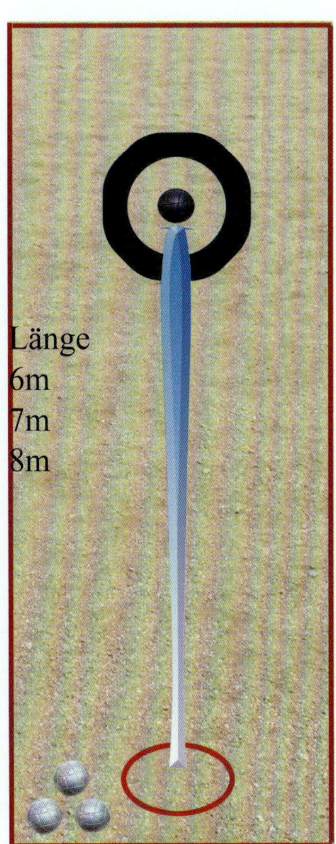

Schussübung:Schieße au fer oder devant vor die Kugel.
Eine Kugel 1 Punkt, 2 Kugeln 3 Punkte alle 5 Punkte.

Schussübung:
Schieße von hinten nach vorne je Treffer 1 Punkt
Carreau sur place
3 Punkte

Schussübung:
Schieße auf die mittlere Kugel 1 Punkt je Treffer, aber nur, wenn sonst keine Kugel bewegt wird. Abstand 5 cm

Schussübung: Schieße die Kugel im Reifen.

Je Treffer 1 Punkt, Carreau 3 Punkte

Name :

Datum :

Übung 1	Punkte
6m	
7m	
8m	

Punkte erreicht :

Übung 2	Punkte
6m	
7m	
8m	

Punkte erreicht :

Übung 3	Punkte
6m	
7m	
8m	

Punkte erreicht :

Übung 4	Punkte
6m	
7m	
8m	

Punkte erreicht :

Gesamt:

Schießen - Spielaufgabe 3

Schussübung 1

Deine Kugel muss im grünen Kreis (75 cm) aufkommen, ansonsten ist der Schuss ungültig.

Schussübung 2

Jetzt wird es schon richtig schwierig. Die Distanz ist zwar noch kurz, dafür musst du aber die Kugel direkt treffen und der Balken davor macht das nicht einfacher.

Schussübung 3

Das ist schon eine Herausforderung. Es braucht viel Zeit, um präzise und mit viel Gefühl für die Geschwindigkeit schießen zu können. Der Einsatz des Rückeffets ist hier auch ein wichtiger Faktor. Ist der Bogen zu hoch und das Rückeffet greift, rollt die Schusskugel nicht weiter oder es gibt ein Rétro.

Schussübung 4

Den Schuss auf die Zielkugel solltest du möglichst früh in dein Programm mit einbauen. Hier ein Treffer zu landen kann alles entscheiden. Es ist immer eine besondere Aufgabe, die Zielkugel zu schießen. Mit dieser Herausforderung muss man sich anfreunden. Die richtige Einstellung dazu lautet: Ich treffe sie - das mache ich jetzt!

Schießen - Spielaufgabe 3

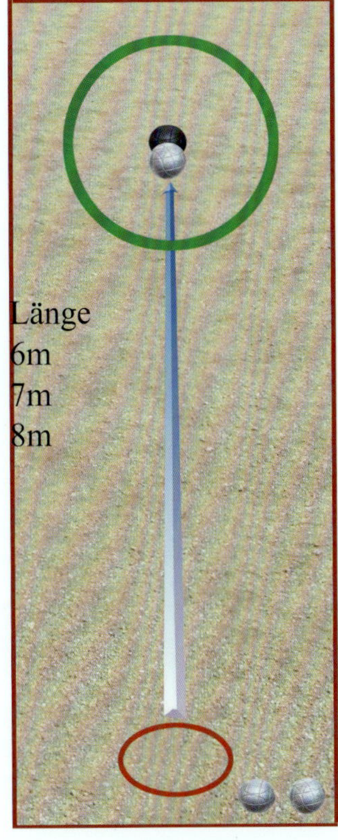

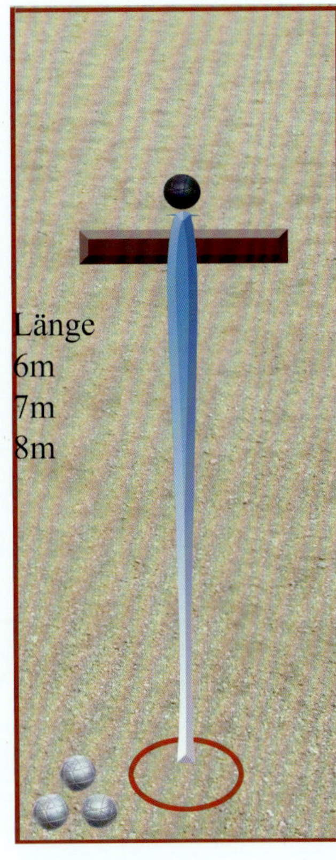

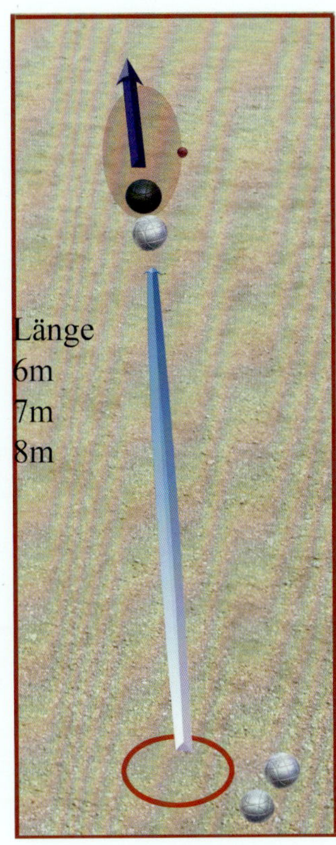

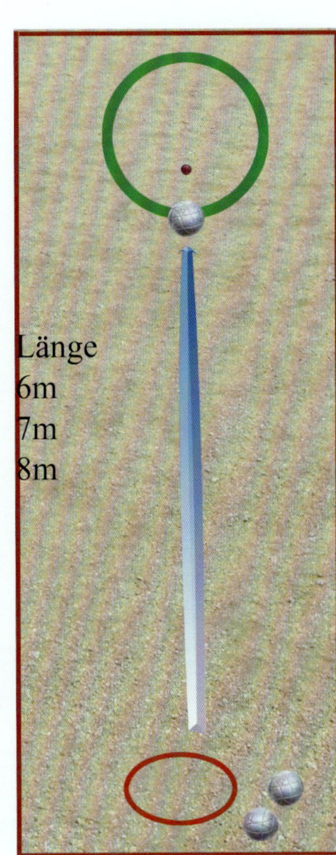

Schussübung:Schieße au fer oder devant vor die Kugel.
Eine Kugel 1 Punkt, 2 Kugeln 3 Punkte alle 5 Punkte.

Schussübung:
Schieße au fer
1 Punkt je Treffer.
Carreau sur place
3 Punkte

Schussübung:
Schieße auf die Kugel mit einem Carreau oder Palet
1 Punkt je Treffer.
3 Punkte im Zielbereich

Schussübung: Schieße die Zielkugel

Je Treffer 2 Punkte, aus dem Kreis 3 Punkte

Name :

Datum :

Übung 1	Punkte
6m	
7m	
8m	

Punkte erreicht :

Übung 2	Punkte
6m	
7m	
8m	

Punkte erreicht :

Übung 3	Punkte
6m	
7m	
8m	

Punkte erreicht :

Übung 4	Punkte
6m	
7m	
8m	

Punkte erreicht :

Gesamt:

Schießen - Spielaufgabe 4

Schussübung 1

Hier soll ein Päckchen geschossen werden. Diese Situation gibt es häufig und in vielen Variationen. Wenn es machbar ist, kann die Entscheidung, gleich das ganze Päckchen zu entsorgen, Gold wert sein. Auch direkt hintereinanderliegende Kugeln des Gegners können so entfernt werden. Nur sind die Erfolgschancen dann nicht so hoch, da oft nur die hintere den richtigen Impuls bekommt.

Schussübung 2

Hier schießt du mehrmals auf eine identische Länge. In Frankreich gibt es einen 1000 Schuss Wettbewerb, in dem alle Kugeln im Kreis um den Schießer herum aufgebaut werden und bei einem Treffer zurückgelegt werden. Es gab schon 1000 Treffer!

Schussübung 3

Dieses ist eine Übung aus dem offiziellen Wettbewerb des Präzisionsschießens. Die Zielkugel davor ist zwar nur klein, stört aber gewaltig. Sie liegt hier 10 cm vor der zu schießenden Kugel.

Schussübung 4

Verdeckte Kugeln zu schießen ist ein gutes Training. Genau wie beim Schuss auf die Zielkugel wird man im Lauf der Zeit die Scheu davor verlieren, auch diese Aufgaben anzugehen.

Schießen - Spielaufgabe 4

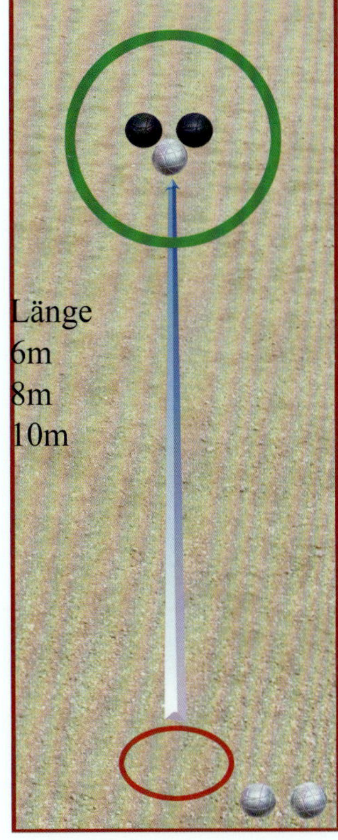

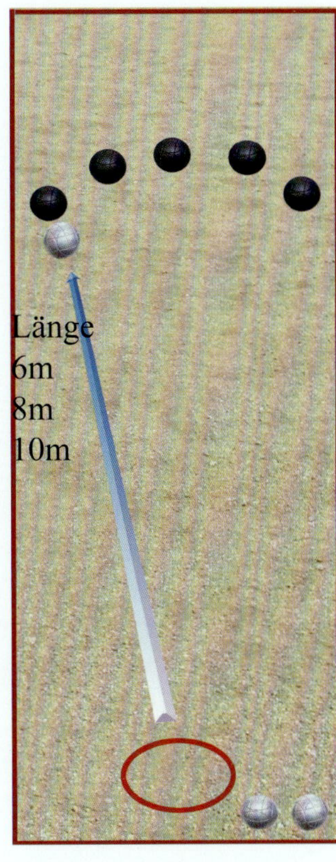

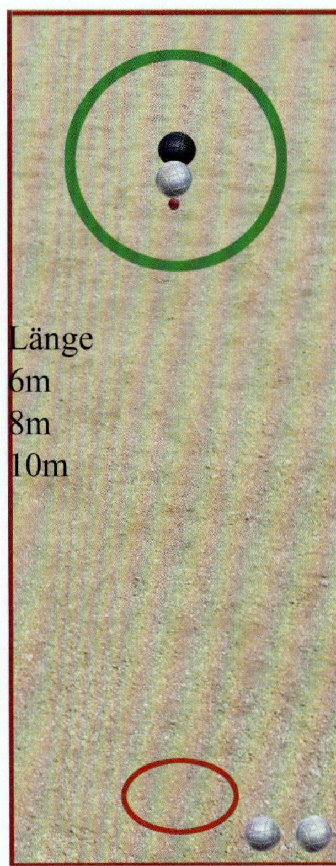

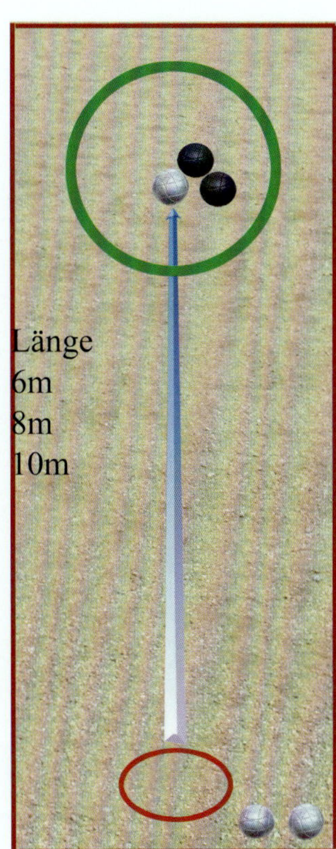

Schussübung: Schieße beide Kugeln. Eine geht aus dem Kreis heraus 1 Punkt. Beide berührt 2 Punkte. Beide aus dem Kreis 3 Punkte

Schussübung: Schieße von links nach rechts. 1 Treffer 1 Punkt. Alle mit 6 Kugeln getroffen +3 Punkte

Schussübung: Schieße auf die Kugel ohne die Zielkugel zu berühren für je 2 Punkte. Zielkugel bewegt, leider keine Punkte

Schussübung: Schieße die verdeckte Kugel aus dem Kreis heraus für 3 Punkte. Die Übung kann variabel aufgebaut werden.

Name :

Datum :

Übung 1	Punkte
6m	
8m	
10m	

Punkte erreicht :

Übung 2	Punkte
6m	
8m	
10m	

Punkte erreicht :

Übung 3	Punkte
6m	
8m	
10m	

Punkte erreicht :

Übung 4	Punkte
6m	
8m	
10m	

Punkte erreicht :

Gesamt:

Schießen - Spielaufgabe 5

Schussübung 1

Echte Top-Tireure planen auch den Lauf ihrer Schusskugel nach dem Treffer ein. Genau wie beim Billard ist nicht unbedingt der Treffer die eigentliche Herausforderung, sondern die Ablage der Spielkugel auf dem Tisch. Das beim Pétanque auch umzusetzen bringt viele Vorteile. So werden oftmals auch weit vor der Zielkugel liegende Kugeln geschossen, nicht nur um sie aus dem Spiel zu nehmen, sondern auch, um die eigene Schusskugel in den Bereich der Zielkugel zu bringen und den Gegner so unter Druck zu setzen.

Schussübung 2

Auch weit vor der Zielkugel liegende Kugeln können ein sinnvolles Objekt für einen Schuss sein. Deshalb sollte man den Treffer an Rippe oder Öhrchen mit im Repertoire haben.

Schussübung 3

Eine Schere zu schießen ist häufig möglich. Dies bewusst einzusetzen ist so eine Sache. Meistens passiert es unbeabsichtigt und irgendeine Kugel kontert. Wenn man Pech hat, die eigene. Eine Schere funktioniert immer auf zwei Wegen. Entweder trifft die Schusskugel oder die getroffene kontert. Man entscheidet nach Lage des Bildes, was ungefährlicher für die eigene Stellung ist.

Schussübung 4

Rétros funktionieren am besten mit einem höheren Bogenschuss und viel Rückeffet in der Schusskugel.

Schießen - Spielaufgabe 5

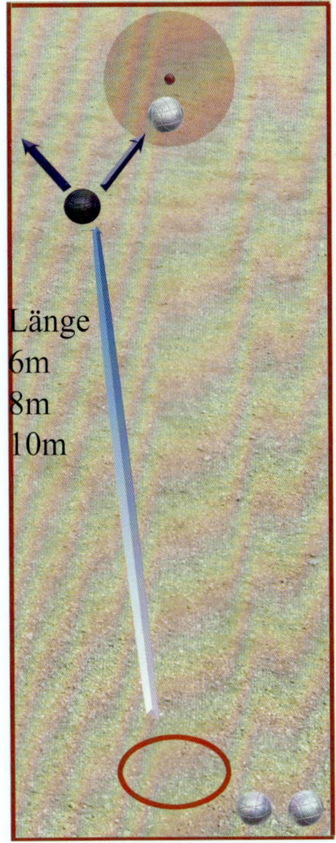

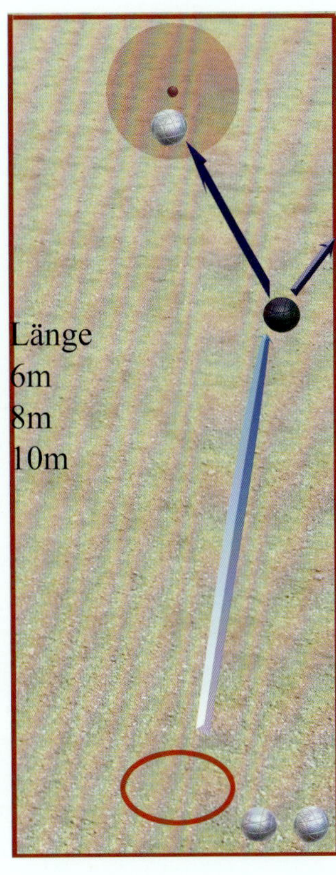

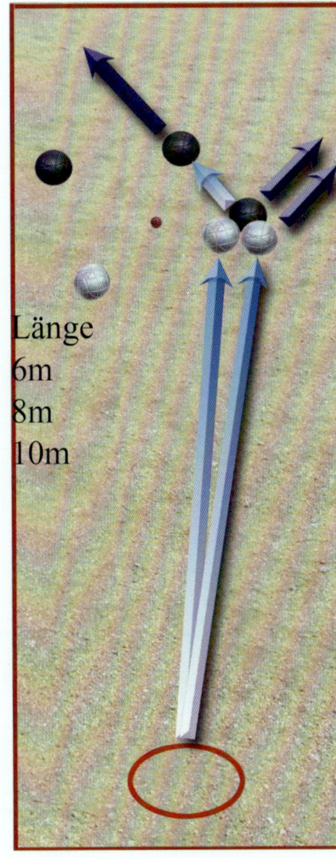

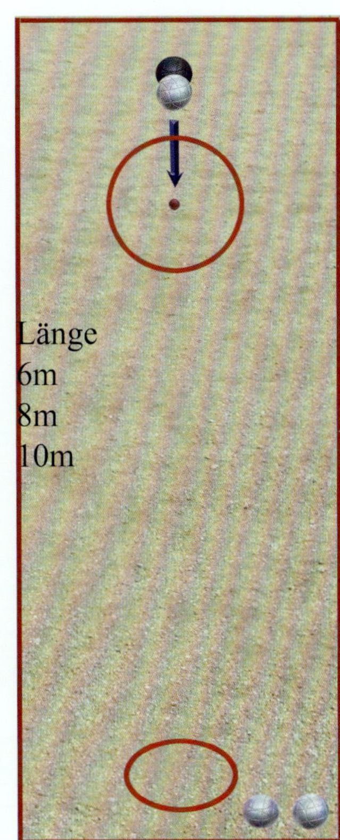

Schussübung:Schieße rechts auf die Kugel um deine Schusskugel in den Zielbereich von 50 cm zu bringen.
2 Punkte

Schussübung:Schieße rechts auf die Kugel um deine Schusskugel in den Zielbereich von 50 cm zu bringen.
2 Punkte

Schussübung:
Schieße eine Schere, sind beide gegnerischen Kugeln entfernt gibt es 3 Punkte

Schussübung: Schieße ein Retro an die Zielkugel.

Für 5 Punkte

Name :

Datum :

Übung 1	Punkte
6m	
8m	
10m	

Punkte erreicht :

Übung 2	Punkte
6m	
8m	
10m	

Punkte erreicht :

Übung 3	Punkte
6m	
8m	
10m	

Punkte erreicht :

Übung 4	Punkte
6m	
8m	
10m	

Punkte erreicht :

Gesamt:

Milieu - Spielaufgabe 1

Milieu-Training beinhaltet wechselnde Aufgaben im Legen und Schießen. Aufgrund seiner Spielposition steht das Milieu immer vor anderen Herausforderungen und ist gezwungen, fortlaufend beide Positionen zu spielen.

Für das spezielle Milieutraining bedeutet das, abwechselnde Aufgaben zu lösen. Prinzipiell sind alle Spielaufgaben der ersten beiden Kapitel dazu geeignet, deshalb hier nur vier Ateliers mit aufsteigendem Schwierigkeitsgrad.

Milieuübung 1

Legeübung: Richtung und Länge
Schussübung: Treffen auf variabler Länge

Milieuübung 2

Legeübung: Legen mit vorgegebenen Données bei gleicher Länge.
Schussübung: Alles schießen. Die beiden schwarzen Gegnerkugeln lassen sich mit einem zentralen Schuss entsorgen. Danach soll die Zielkugel getroffen werden.

Die Übungen werden mehrmals, auf unterschiedlichen Distanzen gespielt.

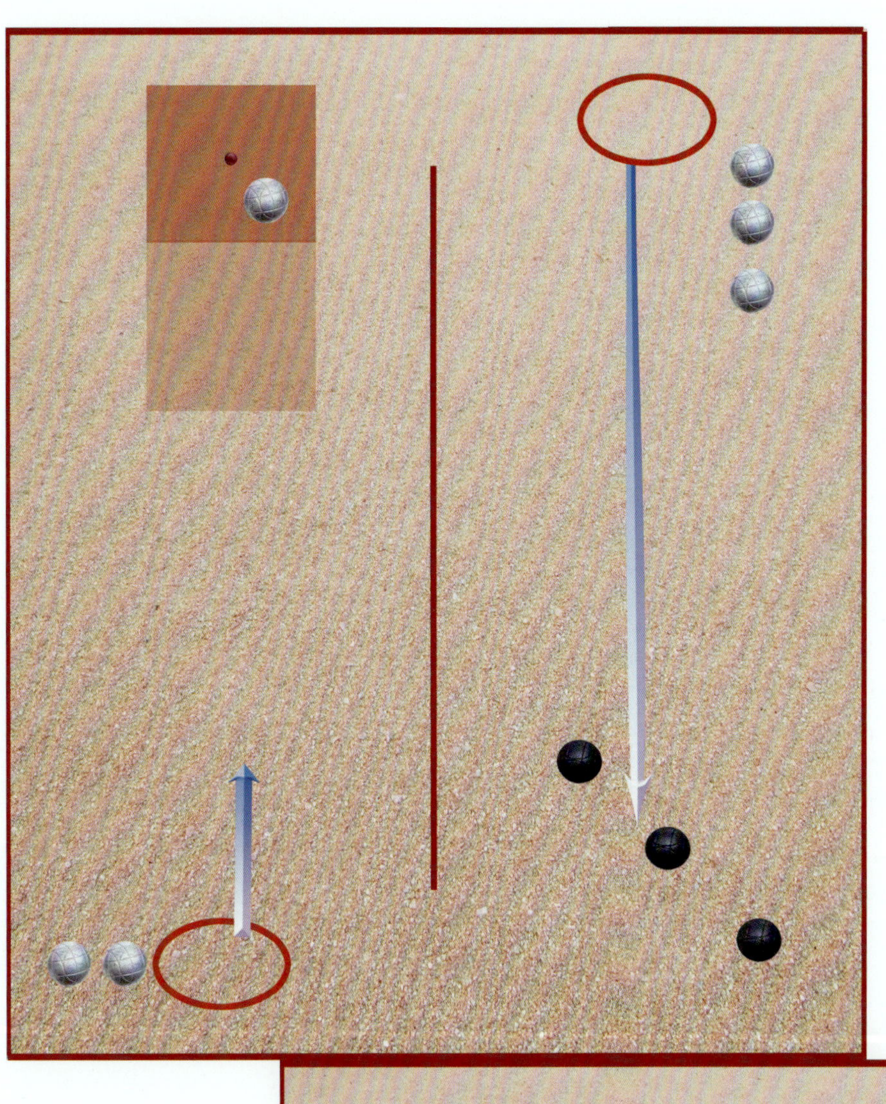

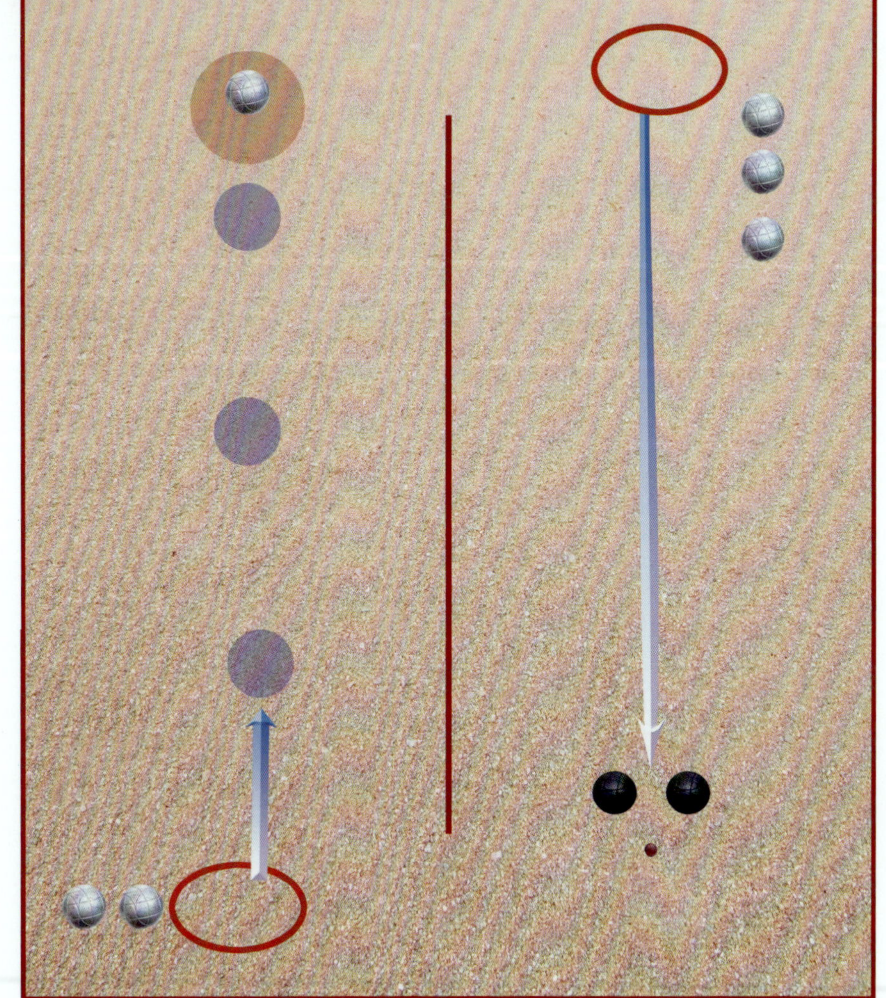

Milieu - Spielaufgabe 2

Milieuübung 3

Legeübung: Bei dieser Übung soll bewusst mit Donnée eine Verteidigungskugel vor die Gegnerkugel platziert werden. Bei Kugelrückstand ist das Milieu gezwungen, die Chance des Gegners für eine hohe Aufnahme möglichst zu minimieren. Ein Devant vor die Punktkugel ist dafür eine gute Strategie.

Schussübung: Von hinten nach vorne die gegnerischen Kugeln treffen. Bei einem Abstand von 10 bis 15 cm muss hier möglichst au fer geschossen werden.

Milieuübung 4

Legeübung: Training der verschiedenen seitlichen Effets.
Als Milieuspieler hat man die Aufgabe, das Punktekonto für sein Team mit den letzten Kugeln zu erhöhen. Häufig versperren Kugeln des Gegners den direkten Weg. Manchmal ist es sinnvoller, sich dennoch an der schwierigeren und fehleranfälligeren Effet - Technik zu versuchen und die Gegnerkugeln damit zu umspielen, als das Risiko einzugehen, eine der gegnerischen Kugeln versehentlich auf Punkt zu drücken.

Das Drücken von Kugeln kann mit verschiedenen Techniken gespielt werden. Auch ein sanfter Schuss ist möglich und hat den Vorteil, dass die Schusskugel sehr wahrscheinlich noch im Spielfeld verbleiben wird. Die schwarzen Kugeln sollen in das Zielfeld gebracht werden. Wenn das klappt, kann man sich noch an der Zielkugel versuchen.

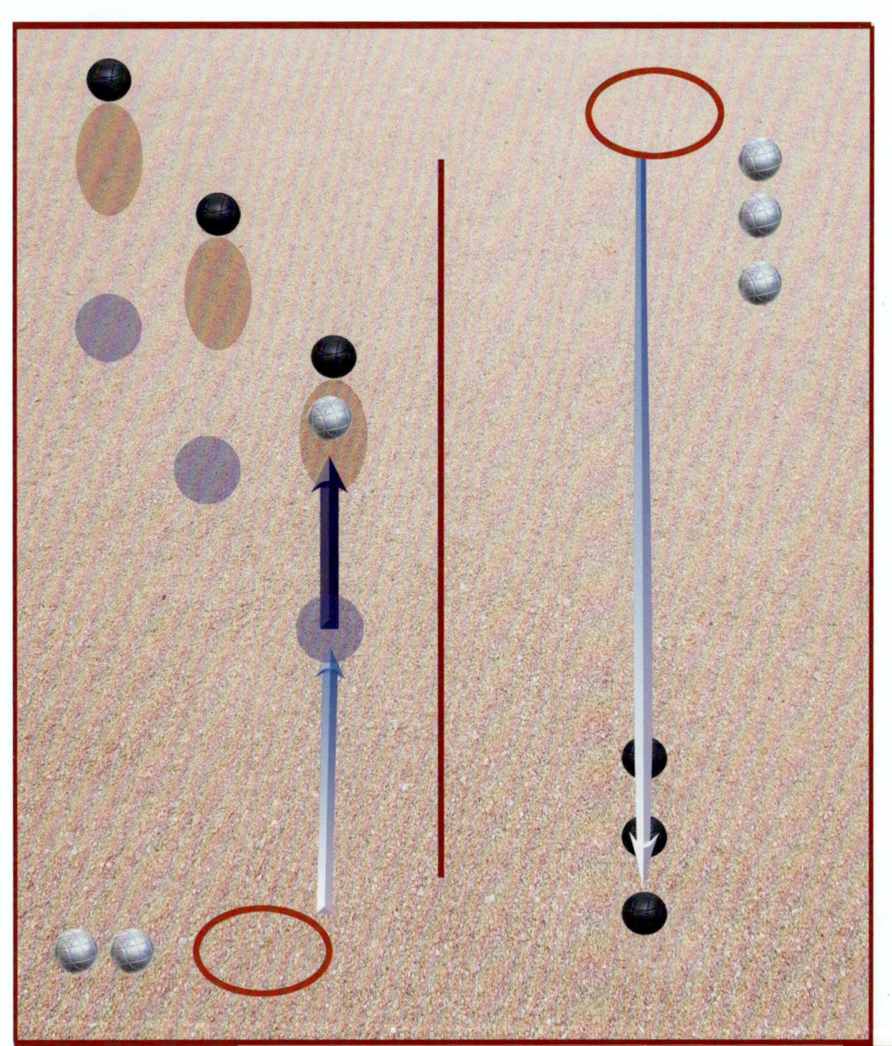

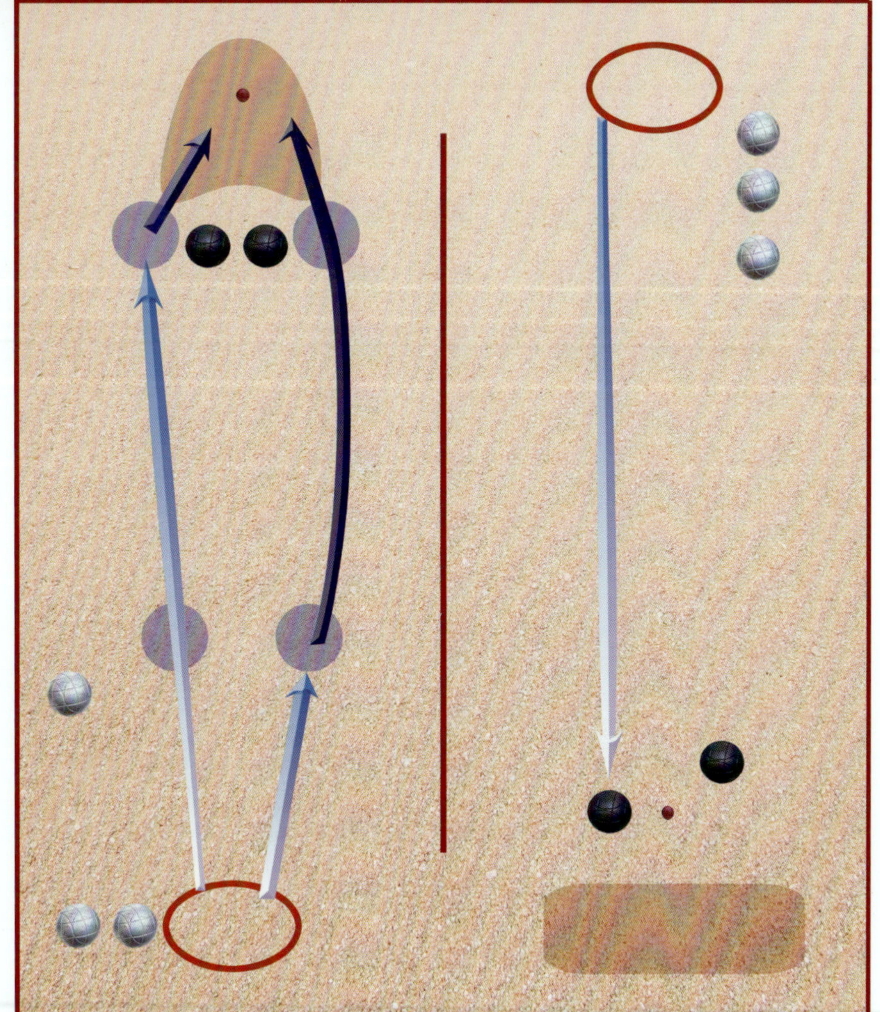

Boule-Spiele mal anders

Risiko

Dieses Spiel kann man solo, zu zweit oder im Team spielen. Die Regeln sind einfach. Spieler A spielt seine drei Kugeln hintereinander. Jede Kugel muss jedoch besser als die vorhergehende sein, sonst wird sie aus dem Spiel genommen. B ist an der Reihe, darf einmal schießen und muss dann zweimal jeweils besser legen. Einen Punkt erhält jede besser gelegte Kugel.

Doppel

Ein Spieler, Team A, spielt immer zwei Kugeln. Die erste wird gelegt, dann die eigene geschossen. Bei einem Treffer gibt es einen Punkt. Jetzt legt Team B. Wenn die Kugel besser ist als die des Gegners, gibt es einen Punkt. Dann schießt er auf die eigene Kugel. Bei einem Treffer bekommt er dafür einen weiteren Punkt. Team A ist an der Reihe. Das Spiel geht so lange bis ein Team 13 Punkte erreicht hat.

Wolfsjagd

Ein Spiel zu dritt. Zwei gegen einen. Jeder hat drei Kugeln. Eigentlich unfair, aber ... Das Doublette beginnt und muss, wie gewohnt, 13 Punkte zum Sieg erspielen. Der Solist benötigt nur einen Punkt zum Sieg.

Zwei Schweine

Eine interessante Variation, bei der zwei Zielkugeln gleichzeitig geworfen werden. Gespielt und gemessen wird auf beide Zielkugeln. Das von beiden Zielkugeln weiter entfernt liegende Team ist somit mit dem nächsten Wurf an der Reihe. Die Punkte am Ende der Aufnahme werden von beiden Zielkugeln errechnet. Dadurch ergeben sich interessante taktische Möglichkeiten

Dreier

Hier stehen drei verschiedene Spielmodi zur Verfügung. Ein Spieler kann mit sechs Kugeln spielen. Spannender ist beim Spiel zu dritt, wenn der jeweils am weitesten entfernt liegende Spieler an der Reihe ist. Kugelwertung wie beim Tête. Die dritte Alternative dazu ist, dass immer zwei gegeneinander Tête spielen und der Verlierer der Aufnahme in der nächsten Runde aussetzt. Wer zuerst 13 Punkte erreicht, gewinnt.

Zu siebt

Eine ungünstige Anzahl von Spielern. Aber man kann ja auch mal mit vielen Kugeln spielen. Die Dreier-Crew mit je 3 Kugeln, die vier anderen mit je 2 Kugeln plus eine mehr für den Schießer.

Spiel mit Vorgaben:

Drei-Drei oder Berlinern

Im Doublette spielt Spieler A seine Kugeln, danach Spieler B. Wechsel in der nächsten Aufnahme. Ein super Training für das Milieu.

Revanche mal anders

Spiel verloren? Ok, dann schaut mal, ob der Gegner das Ergebnis auch bestätigen kann. Die Revanche startet nicht bei 0:0, sondern wird auf der Anzeigetafel einfach zurück auf Null gespielt.

Tête auf vier Meter

Spieler A bekommt 7 Punkte Vorsprung, muss aber die Aufnahmen immer beginnen. So sollte Spieler B gute Chancen haben.

Ansonsten seid kreativ. Es gibt viele Möglichkeiten. Ein oder zwei Schüsse vorgeben, legen nur aus der Hocke, Vorsprung behaupten und 7 Punkte vorgeben, nur gewonnene Aufnahmen zählen, bei jeder Aufnahme Position tauschen oder Entfernung zur Zielkugel vorgeben.

Was man mal ausprobieren sollte

Erfolgschancen beim Legen / Schießen

Legen oder besser schießen?
Da haben wir es schon, was ist zu tun? Was ist besser, wie kann ich daraus vielleicht eine hohe Aufnahme machen oder erfolgreicher verteidigen? Den Druck auf den Gegner übertragen oder Punkte minimieren.

Die Frage der Fragen beim Pétanque lässt sich leider nicht pauschal richtig beantworten. Zu viele Faktoren hängen davon ab. Trefferwahrscheinlichkeit, Punktestand, Leistungsvermögen des Teams und des Gegners, konzeptionelle Einstellung, das vorhandene Kugelbild, momentane Leistungsphase des Akteurs, Beschaffenheit des Bodens, Entfernung, Risikobereitschaft, Anzahl der eventuell zu erreichenden Punkte, Lage der zu schießenden Kugel, Kontergefahr, Punkteminimierung oder gar Punkt für Schluss bzw. Rettungsschuss auf die Zielkugel.
Aber genau das macht ja Pétanque so facettenreich und interessant. Jedes Spiel, jede Aufnahme, jeder Wurf ist etwas Neues.

Über die Taktik beim Boule ließe sich ein ausführliches Buch schreiben, alle möglichen Aspekte diskutieren und letztendlich ein paar Grundregeln definieren wie: wenn ein Schuss zur Debatte steht, dann gleich. Prinzipiell richtig, aber auch kein Dogma. Gut ist immer, wenn sich das Team über die nächste Aktion einig ist.

Hier in der Praxis möchte ich euch dazu bewegen, eure eigenen Entscheidungen zu treffen. Dazu gibt es strategische Aufgaben, die man mehrfach und mit unterschiedlichen Lösungswegen spielen soll. Es geht darum, ein Gefühl für Situationen und deren Lösungen zu bekommen. Es gibt immer verschiedene Wege, ein Problem zu lösen und die Erfahrung wird euch mit der Zeit aufzeigen, welcher Weg der erfolgversprechendste ist. Der Leistungsstand ist hierbei nicht maßgeblich relevant, sondern die erreichte Erfolgsquote. Hier ist Teamarbeit, Diskussion und Nachvollziehbarkeit gefragt.

Die folgenden zwei Aufgaben sind rein zum Erkenntnisgewinn gedacht. Damit wirst du leichter entscheiden können, was die erfolgreichere Strategie in deinem Spiel ist. Was passiert, wenn ich was mache und wie häufig.

5 x sechs Legekugeln
Wie viele berühren schwarz? Wie viele drücken schwarz?
Bei welcher 1-6 passiert etwas?
Wie viele Punkte erreiche ich?
Tor ca. 15-20 cm, auf div. Längen.

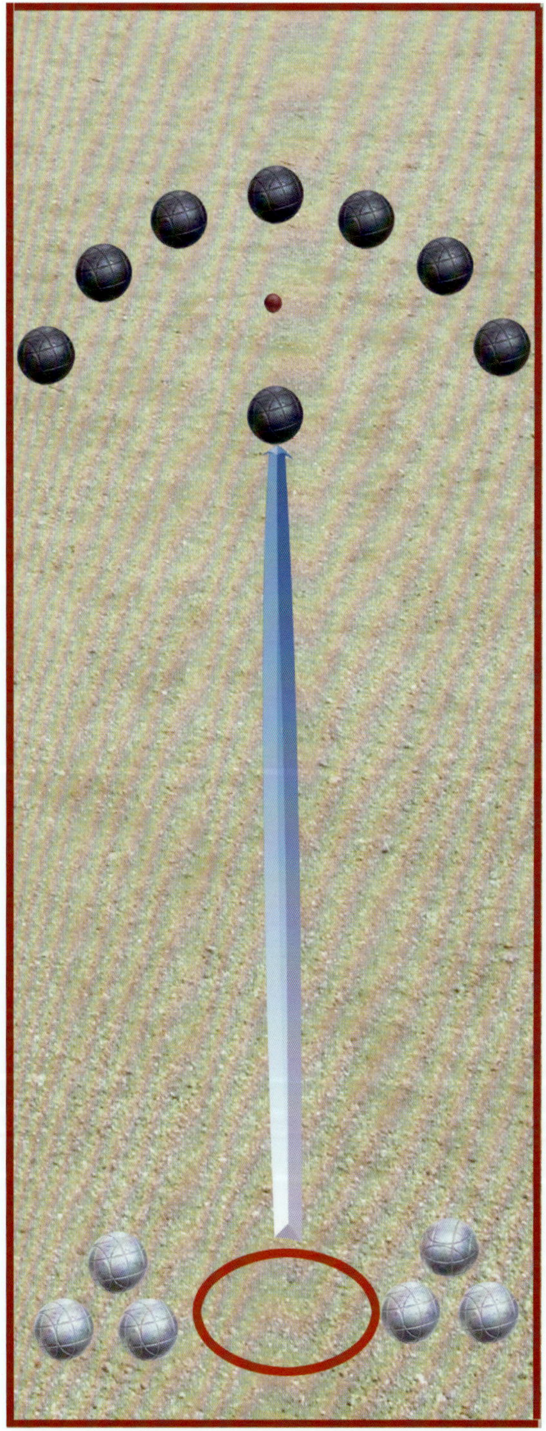

5x sechs Treffer! Nur Treffer zählen!
Welche wird gekontert? 1-7 / li.-re.
Bzw. welchen Weg nimmt die Kugel?
Wird die Zielkugel bewegt?
Kugeln im Halbkreis legen, mit ca. 20 cm Zwischenraum.

Punkte maximieren

Bei diesen Aufgaben geht es darum, so viele Punkte wie möglich zu machen. Eine komfortable Situation. Der Gegner ist leer und wir können uns Gedanken um die beste Strategie und Ausbeute machen.

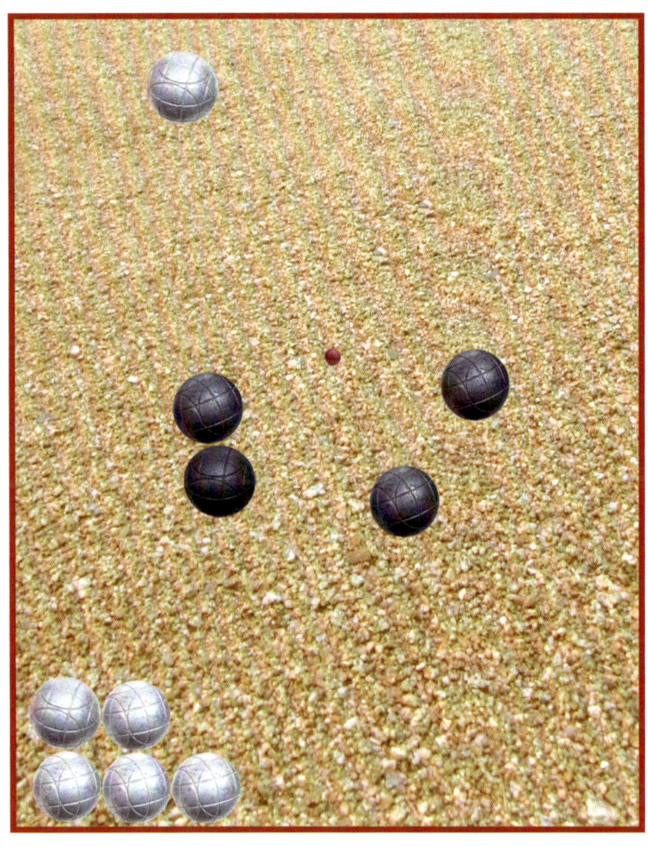

Die Chance für alle sechs!
-Zielkugel nach hinten ziehen? Wie viele Kugeln planen wir dafür maximal ein?
-Alle gegnerischen Kugeln schießen?
-Als erstes vorne rechts? Evtl. Konter oder Zielkugel könnte Richtung der eigenen gehen. Rechte Seite wird frei zum Legen.
-Päckchen links schießen? Mit Glück gehen beide und die vorne rechts ist nicht gefährlich?
-Erste Kugel legen? Tor ist offen, um die vier Punkte des Gegners wegzunehmen. Evtl. nachlegen für mehr?

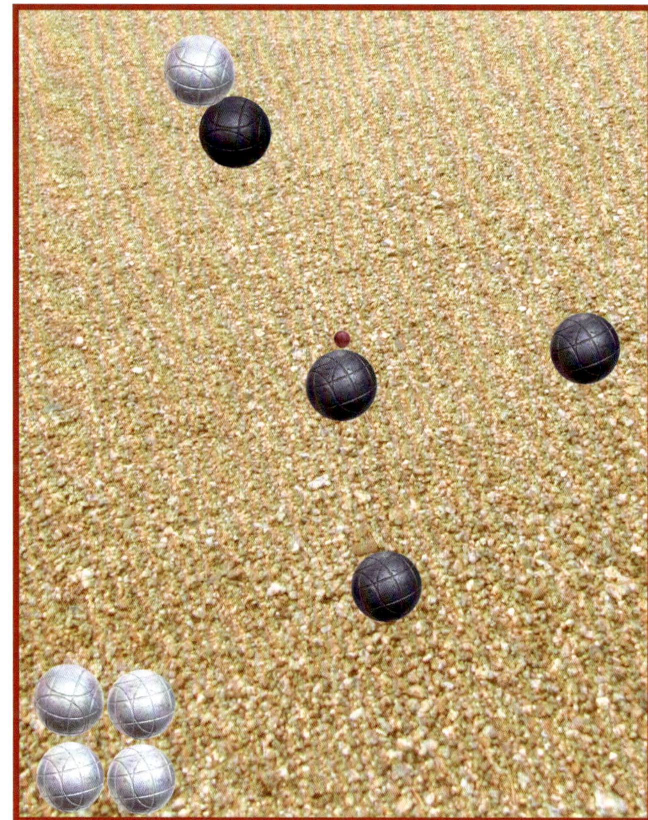

-Zuerst die press an der Zielkugel liegende schießen? Zielkugel könnte mit nach hinten gehen.
-Zuerst die vordere schießen? Vielleicht ergibt sich etwas aus einem Konter?
-Versuchen, alle zu schießen, trotz Devant hinten?
-Punktkugel wegdrücken, erst dann schießen oder versuchen Punkte zu legen.

Doch Vorsicht! Wem ist es noch nicht passiert, daß aus einer solchen Situation nachher der Gegner mit Punkt aus der Aufnahme gegangen ist? Finde den besten oder sichersten Weg für dein Team.

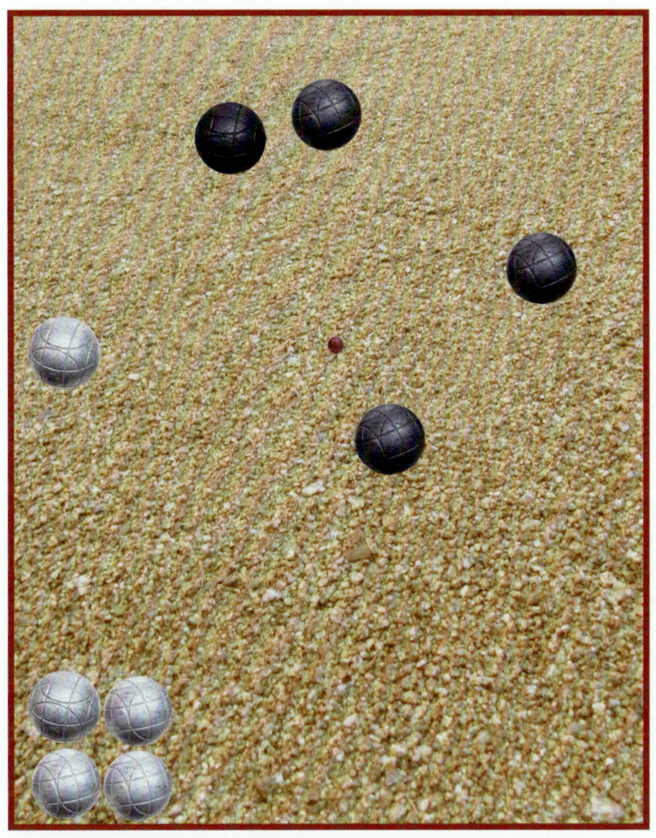

Erst messen, um zu wissen, ob die eigene Kugel auf 3, 4 oder Platz 5 liegt (liegt auf 5).
-Punktkugel schießen um dann zu legen?
-Punktkugel und rechte Kugel schießen? Die hinteren schwarzen Kugeln kann man als Stopp benutzen.
-Vorne rechts und Päckchen schießen?
-Direkt Punkt legen? Platz für zwei oder drei Punkte wäre da. Die vordere schwarze Kugel bleibt allerdings gefährlich.

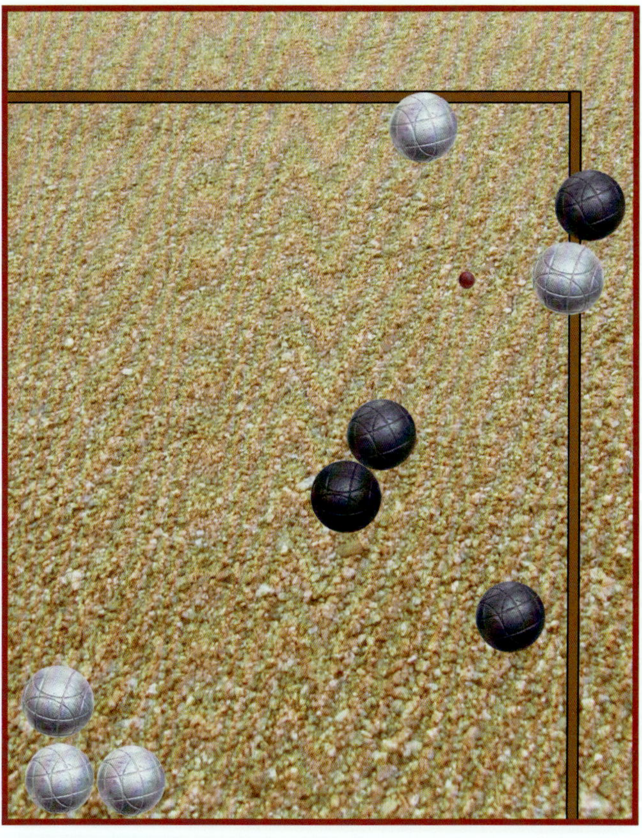

Fünf Punkte sind möglich, aber schwierig.
-Schuss auf die eigene Kugel, mit Carreau für 2 oder 3, danach Punkte legen? Das vordere Päckchen bleibt gefährlich.
-Zielkugel schießen für zwei Punkte?
-Die eigene Punktkugel leicht anspielen, um die schwarze aus dem Feld zu bringen? Auch mit der Option für 3 Punkte.
-Zuerst das Päckchen schießen?
-Vorne rechts schießen, für Platz?

Letzte Kugeln spielen

Hier haben wir noch jeweils die letzten zwei Kugeln zu spielen. Auch hier geht es darum, Punkte zu maximieren, aber auch möglichst keine an den Gegner abzugeben. Die letzte Kugel ist häufig die gefährlichste.

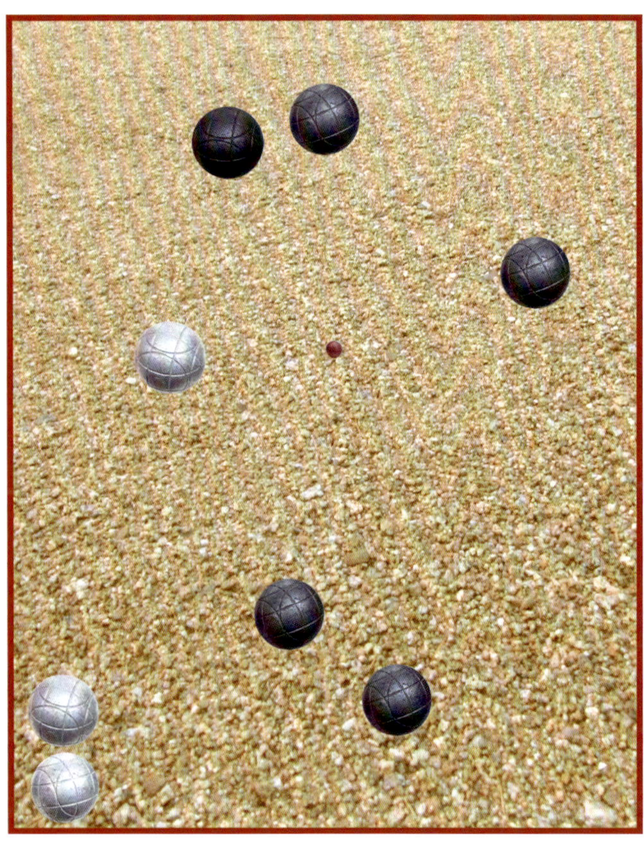

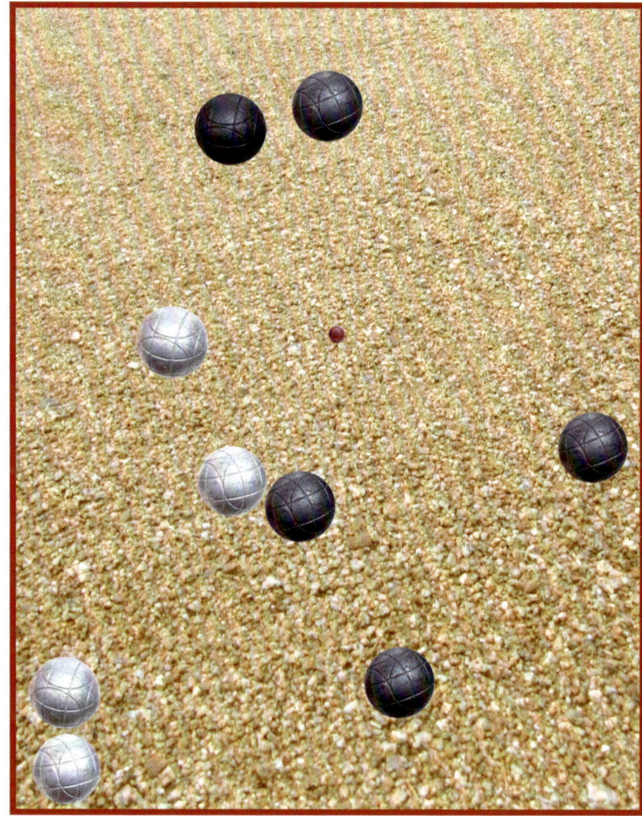

Ein Punkt liegt, wie können wir drei daraus machen?
-Schießen scheint hier keine Option zu sein. Die vordere anzugreifen birgt Risiken, oder?
-links vorbeilegen ist machbar, allerdings spielt die zentrale schwarze Kugel u.U. noch mit.
-rechts vorbeilegen minimiert das Risiko, die zentral liegenden Kugeln vorzudrücken und die schwarze kann als Stopp benutzt werden.
-Nur die Zielkugel sollte man keinesfalls nach hinten bewegen.

Ein ähnliches Bild. Zwei Kugeln liegen.
-Ein Schuss auf die mittlere Kugel ist reizvoll, aber aus verschiedenen Gründen gefährlich.
-links auf die Punktkugel legen könnte machbar sein, aber immer mit der Gefahr, die zentrale Gegnerkugel anzuspielen.
-Der Weg rechts scheint nicht gut möglich, es sei denn bec über die rechts außen.
-Spiel mit Effet, links oder rechts, könnte zum Erfolg führen.

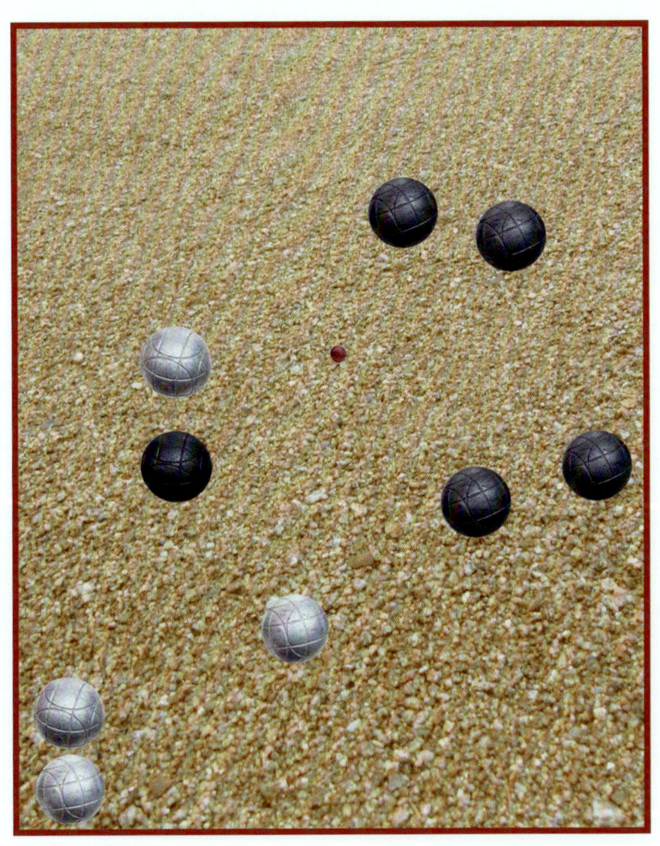

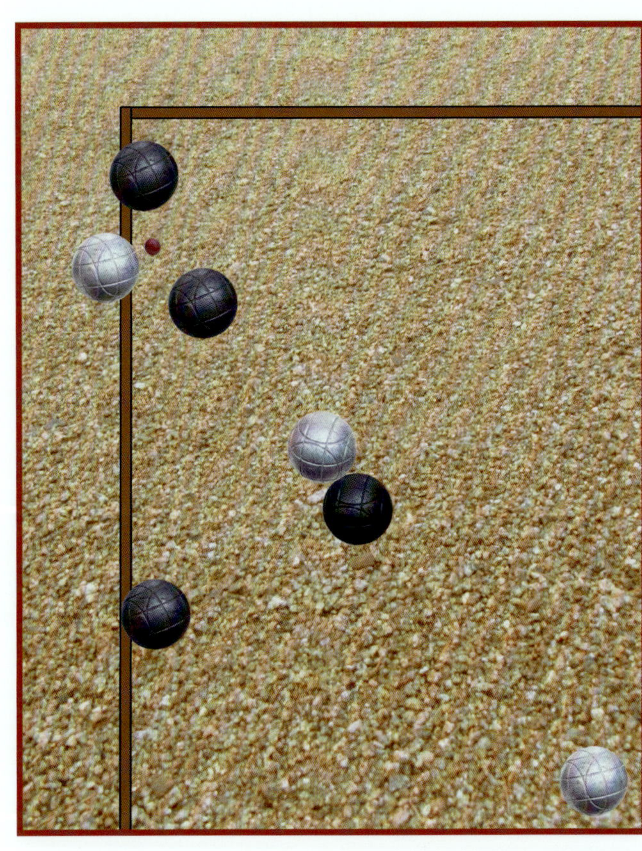

Ein Punkt liegt.
-Der Weg ist noch frei, nur rechts oder links sollte man die schwarzen Kugeln des Gegners nicht anspielen.
-Die eigene Kugel in der Mitte vordrücken? Wenn die Zielkugel liegenbleibt, ist alles ok.
-Zur Sicherheit einen Schuss auf das hintere Päckchen machen?
-Die schwarze vorne links auf der rechten Seite anspielen?
-rechts schießen für Platz?

Punkt beim eigenen Team. Eine Kugel ist noch zu spielen.
-Schuss auf die vor der Zielkugel liegende schwarze Kugel? Da kann alles passieren, über eine Nullaufnahme oder zwei Punkte für den Gegner, bis hin zu drei Punkten für unser Team.
-Punkt nehmen?

Aufnahme retten

Hier ist der Gegner klar im Vorteil. Es geht darum, die Aufnahme mit unserer letzten Kugel entweder für uns zu entscheiden oder die Punkte des Gegners zu minimieren. Der Gegner ist immer leer.

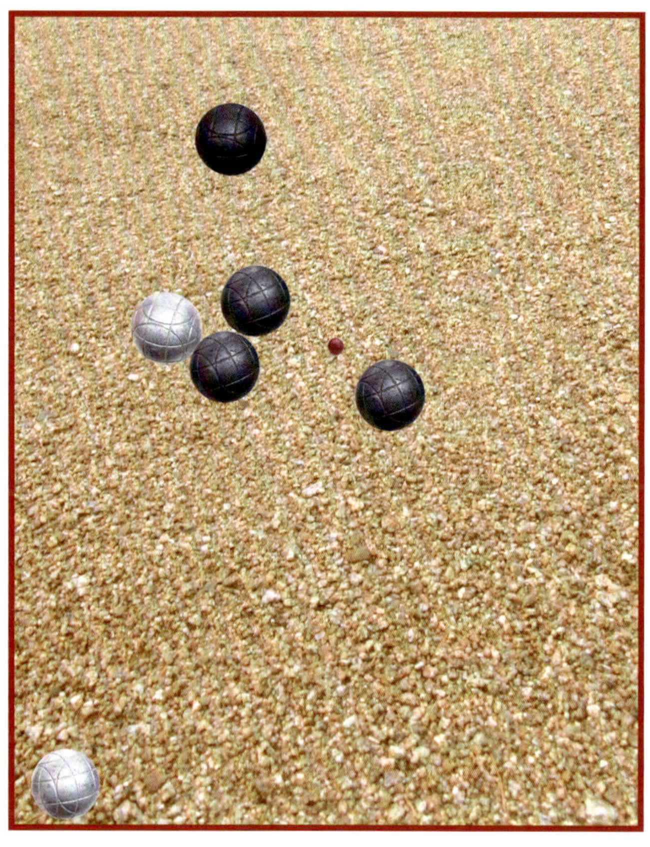

Für den Gegner liegen drei Punkte
-Punkt legen?
-Schuss links auf das Päckchen? Was passiert mit der eigenen Kugel?
-Zielkugel schießen?
-Rechte Gegnerkugel schießen?
-Rechte Gegnerkugel herausdrücken? Was passiert dabei evtl. mit der Zielkugel?

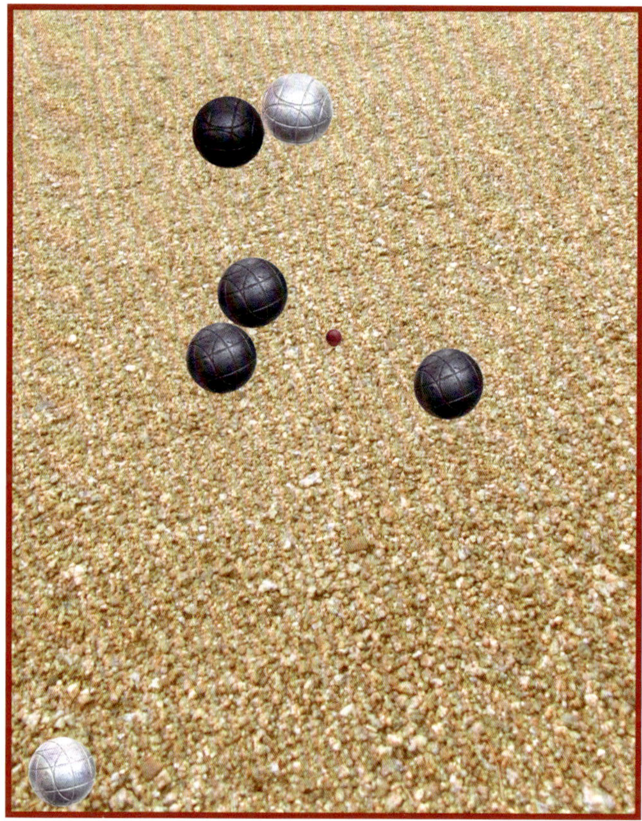

Für den Gegner liegen drei Punkte
-Zielkugel nach hinten ziehen? Zu unserer eigenen Kugel?
-Schuss links auf das Päckchen, um Punkte zu minimieren?
-Rechte Gegnerkugel schießen?
-Punkt legen?

Die Frage ist, wie viel Risiko bin ich bereit einzugehen. Wie sind meine Erfolgschancen? Der momentane Punktestand spielt bei der Entscheidungsfindung natürlich eine wichtige Rolle.

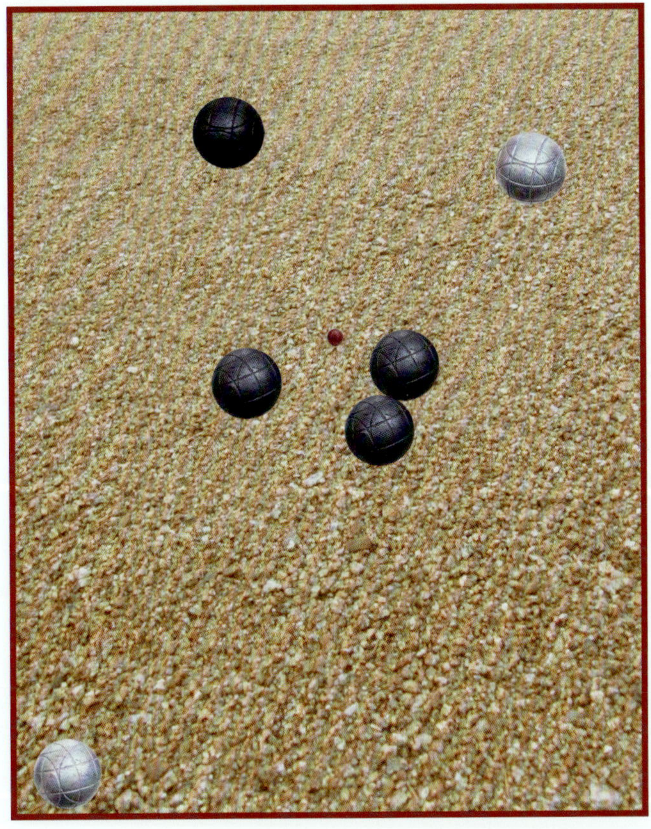

Für den Gegner liegen drei Punkte
-Schuss rechts auf das Päckchen? Mit Chance, dass alle auf Punkt liegenden Gegnerkugeln entfernt werden (Flachschuss).
-Punkt legen?
-Linke Gegnerkugel schießen?
Mit der Option, dass sich die Zielkugel nach hinten bewegt.

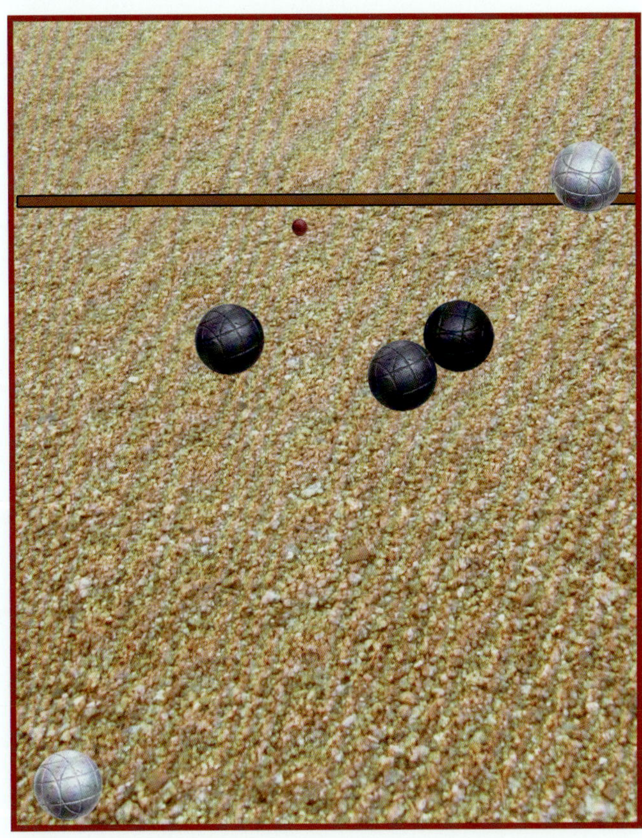

Für den Gegner liegen drei Punkte.
-Zielkugel nach hinten ins Aus ziehen?
-Schuss rechts auf das Päckchen? Mit Kontergefahr für die eigene Kugel und schwarz bleibt im Feld.
-Punkt legen?
-Linke Gegnerkugel schießen? Mit Chance, eventuell die Zielkugel ins Aus zu bringen?
-Zielkugel schießen?

Tests

Diese drei Test sind dazu gedacht, mehrmals wiederholt zu werden.
Meine Idee dazu ist:
- am Anfang der Saison als Check zum Leistungsstand nach der meist nicht so spielintensiven Wintersaison
- als Vorbereitung für die kommende Ligasaison
- als selbstgestellte Aufgabe, die keinen so großen Zeitrahmen einnehmen soll
- in oder nach der Saison
- als Dokumentation im Team über die technische Entwicklung der Spieler
- weitere Möglichkeiten nach euren Vorstellungen

Die Tests werden natürlich um so aussagekräftiger, je länger der Zeitraum der Beobachtung der Spieler wird.

Außerdem kann man die Tests - gerade wegen ihrer Kürze - als Trainingseinheit an einem normalen Trainingstag einbauen und hat anschließend noch genügend Zeit für ein paar Partien.

Die zwei HPV (Hessischer Pétanque Verband)-Kadertests sind anspruchsvoll und werden von mir als Indikator für den Leistungsstand der Kaderspieler sowie bei Sichtungen für den HPV-Kader verwendet.

Jetzt, da ihr am Ende des Buches angekommen seid, werdet ihr auch für diese schwierige Aufgabe bestens vorbereitet und bereit sein.

Viel Spaß dabei!

Lege- u. Schießübungen, wiederkehrender Test zur Ermittlung des Leistungsstandes. Je 6 Kugeln.

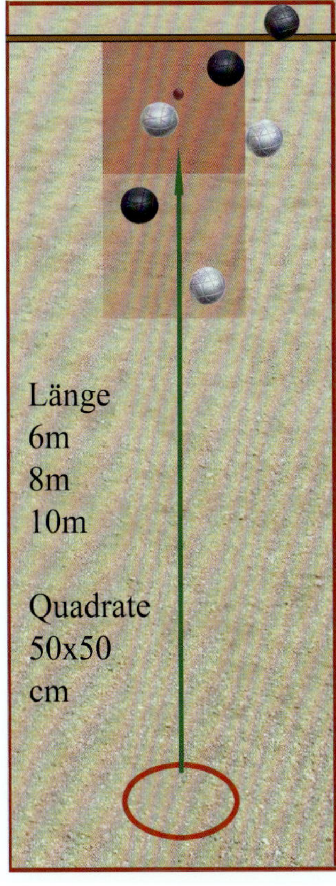

Legeübung: Kugeln auf Entfernung legen. Bringe die Kugeln in die roten Quadrate. Hell 1Punkt, dunkel 2Punkte hintere Linie -1 Punkt

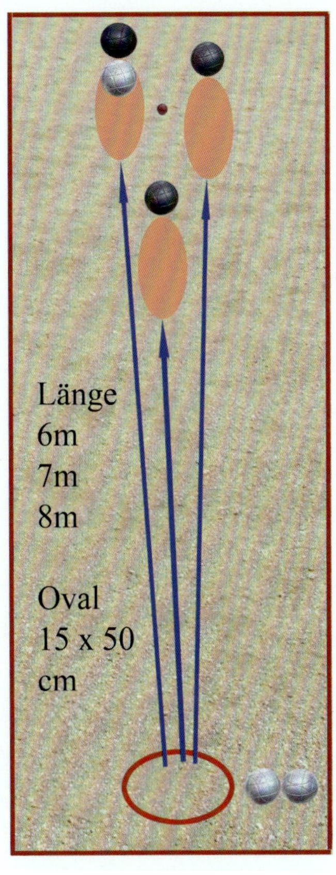

Legeübung: Devant legen. Lege deine Kugeln von links nach rechts vor die schwarzen Kugeln. 1 Devant 1 Punkt, 2.Dev. 2P und 3.Dev 3P.

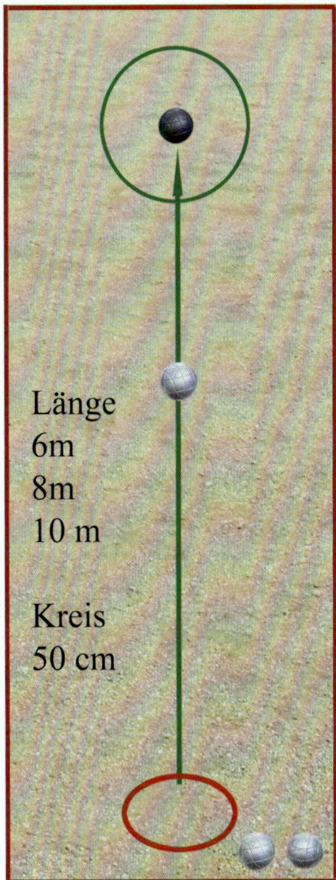

Schussübung: Schieße mit beliebiger Technik auf die schwarze Kugel. Kugel berührt 1 Punkt, Schusskugel bleibt im Kreis 2 Punkte.

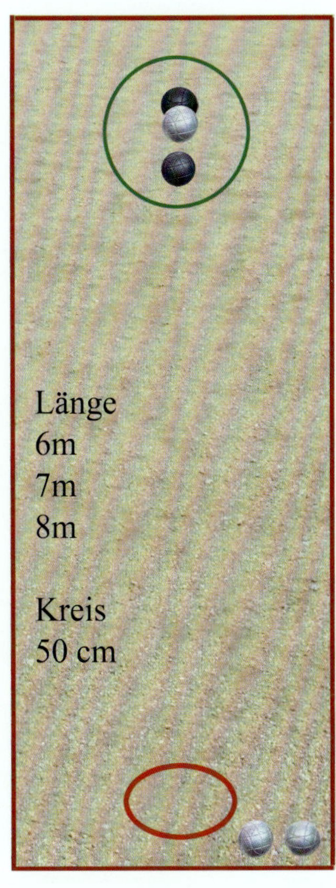

Schussübung: Schieße die hintere Kugel, ohne die vordere zu berühren. Kugel berührt 1 Punkt, Schusskugel bleibt im Kreis 2 Punkte.

Name :

Datum :

Übung 1	Punkte
6m	
8m	
10m	

Punkte erreicht :

Übung 2	Punkte
6m	
7m	
8m	

Punkte erreicht :

Übung 3	Punkte
6m	
8m	
10m	

Punkte erreicht :

Übung 4	Punkte
6m	
7m	
8m	

Punkte erreicht :

Gesamt:

Lege- u. Schießübungen, Je 2x3 Kugeln für Übung 1, 3 und 4. je 2x2 Kugeln für Übung 2

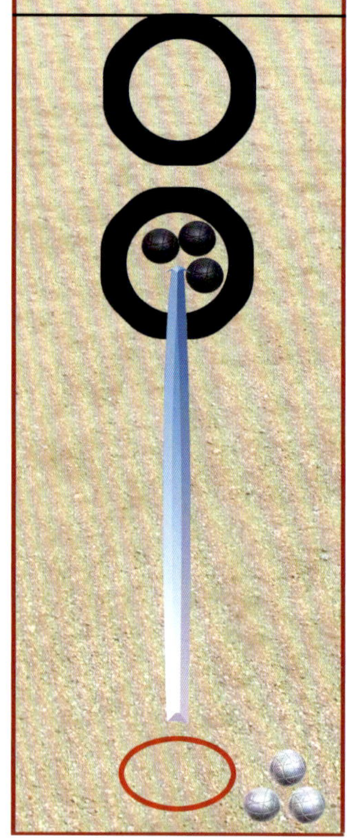

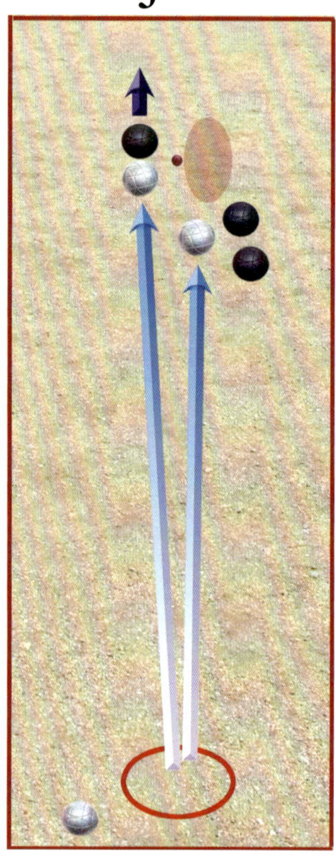

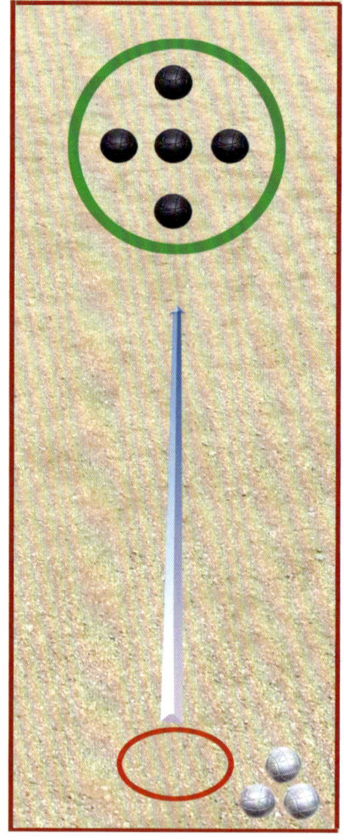

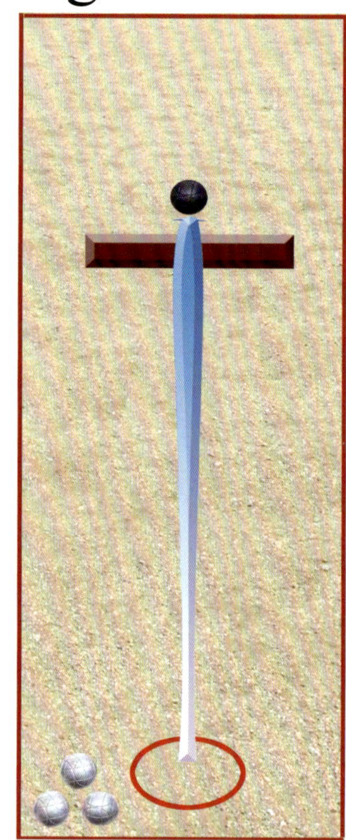

Legeübung: Hochportée 1Punkt für das Legen in den vorderen Reifen, 2 Punkte für das Legen in den hinteren Reifen.

Legeübung auf das Bild: Gegnerische Kugel rausdrücken, eigene Kugel reindrücken. 2 Kugeln zu spielen, 3 Punkte sind hier erreichbar.

Schussübung:Abräumen Schieße mit beliebiger Technik auf die schwarzen Kugeln. (Schere?) Jede aus dem Kreis entsorgte Kugel 1 Punkt.

Schussübung:
Schieße die Kugel hinter dem Holz.
Distanz 20 cm
je Treffer 1 Punkt

Name : **Datum :**

Übung 1	Punkte
6m	
8m	
10m	

Punkte erreicht :

Übung 2	Punkte
6m	
7m	
8m	

Punkte erreicht :

Übung 3	Punkte
6m	
8m	
10m	

Punkte erreicht :

Übung 4	Punkte
6m	
7m	
8m	

Punkte erreicht :

Gesamt:

HPV-Kadertraining Legeübungen, Legen je 2x3 Kugeln

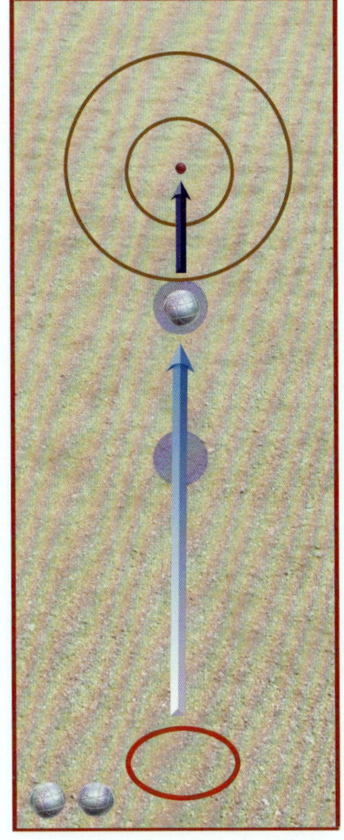

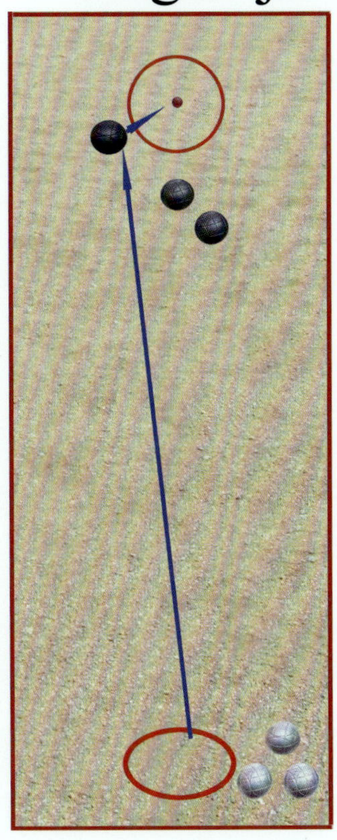

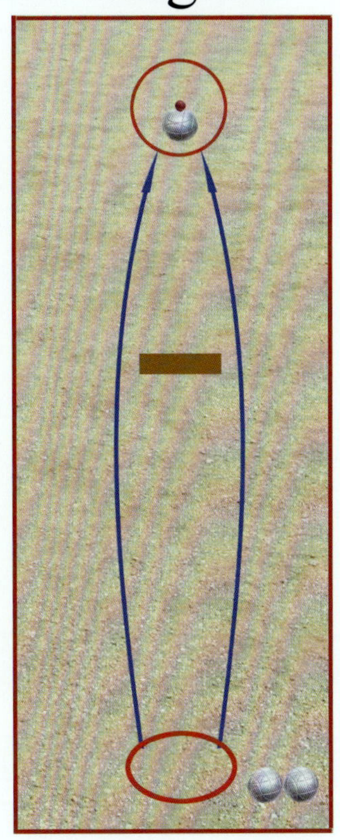

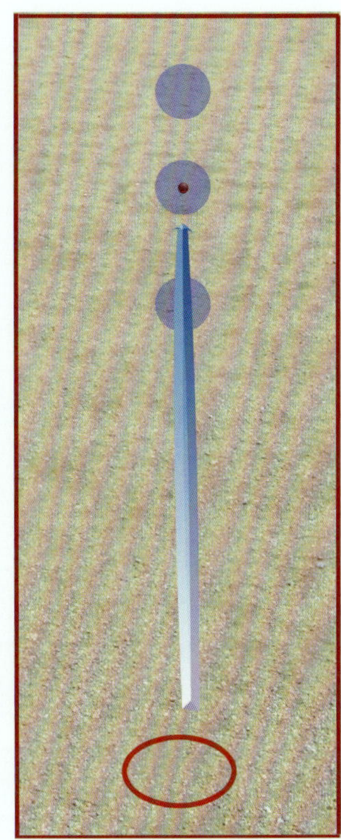

Legeübung:
Je 1 Kugel pro Donnée. und Entfernung Punkte nur bei Treffen des Données. Großer Kreis 1Punkt, kleiner 2

Legeübung:
Spiele bec über die linke schwarze Kugel.
2 Punkte im Zielkreis.
Abzug 2Punkte, schwarze Kugel im Zielkreis.

Legeübung:
Spiele mit seitlichem Effet in den Zielkreis.
3 Punkte pro gelöster Aufgabe.

Legeübung:
Je 2 Versuche die Zielkugel auf den Zielflächen zu plazieren.
Für je 2 Punkte.

Name :

Datum :

Übung 1	Punkte
7m	
8m	
9m	

Punkte erreicht :

Übung 2	Punkte
7m	
8m	
9m	

Punkte erreicht :

Übung 3	Punkte
7m	
8m	
9m	

Punkte erreicht :

Übung 4	Punkte
7m	
8m	
9m	

Punkte erreicht :

Gesamt:

HPV-Kadertraining Schießübungen, Schießen je 2x3 Kugeln

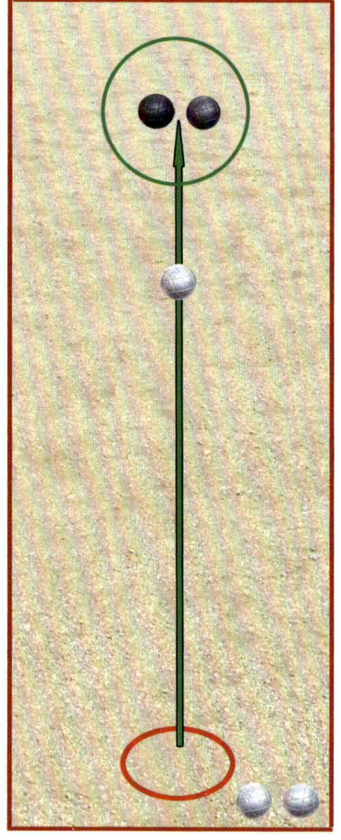

Schussübung:
Schieße beide Kugeln. Eine Kugel 0 Punkte, beide Kugeln getroffen 1 Punkt. Carreau 3 Punkte

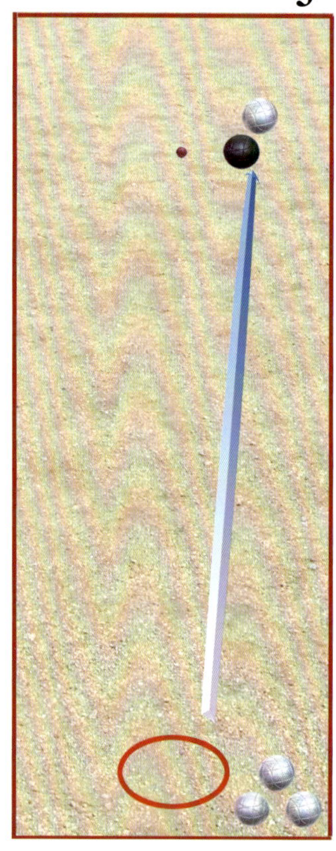

Schussübung:
Schieße nur die schwarze Kugel (Auf die eigene nur etwas kurz zielen) 1 Punkt je Treffer.

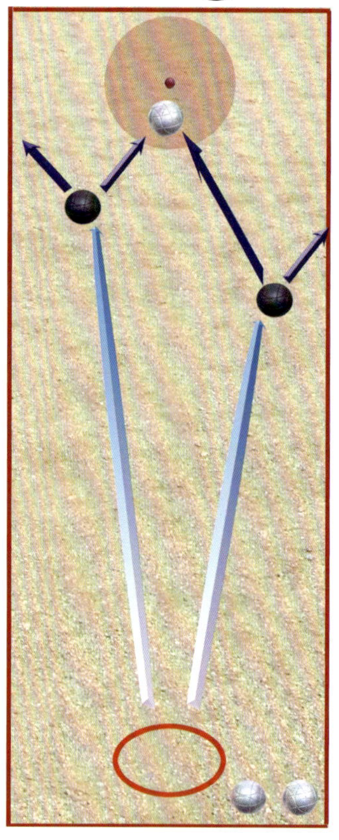

Schussübung:
Treffe die schwarzen Kugeln innen 1 Punkt. Eigene Kugel an der Zielkugel im Zielbereich 3 Punkte

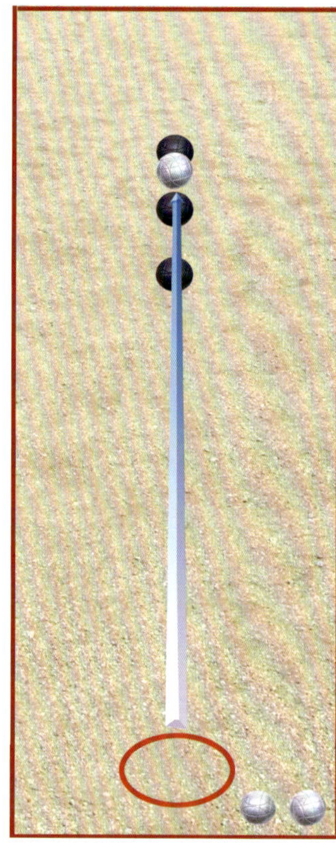

Schussübung:
Schieße von hinten nach vorne, ohne die vorderen zu berühren.
1Treffer 1 Punkt,2 Treffer 3 und 3 Tr. 5 Punkte

Name :

Datum :

Übung 1	Punkte
6m	
8m	
10m	

Punkte erreicht :

Übung 2	Punkte
6m	
7m	
8m	

Punkte erreicht :

Übung 3	Punkte
6m	
8m	
10m	

Punkte erreicht :

Übung 4	Punkte
6m	
7m	
8m	

Punkte erreicht :

Gesamt:

Liebe Boulefreunde

Ich hoffe, ich konnte euch mit den vielen Übungen inspirieren und dafür begeistern, ein echtes Boule-Training für euch zu erarbeiten und vielleicht auch in eurem Verein zu etablieren. Mit diesem Wettkampf um Punkte bei den Übungen habe ich euch hoffentlich motivieren können, ein Boule-Training mit einer spannenden Nuance aufzufrischen.
Mir ging es in diesem Buch darum, eure Begeisterung für ein Techniktraining zu entfachen und damit letztendlich ein für euch erfolgreiches Spiel zu ermöglichen.

Allez les boules
Peter Latsch

Weitere Info findet ihr auf meiner Homepage

www.boule-kurs.de

Pétanque

เปตอง petanka ペタンク
פטאנק 地擲球 پتانک
كرة الحديدية petanca
петанк 페탕 크 Bi sắt
petankki पेटाङ्क Boule

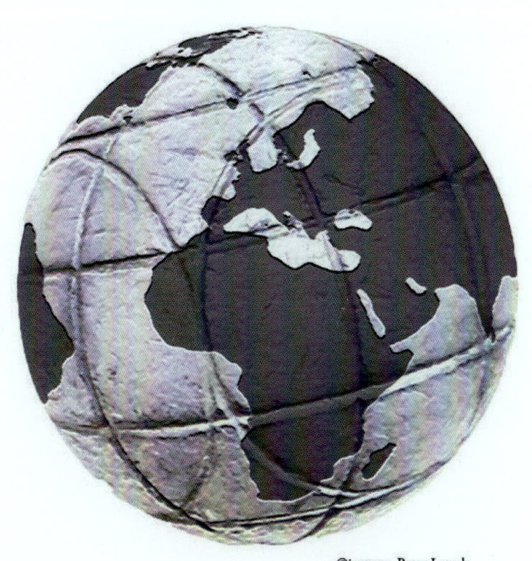

©isotrop, Peter Latsch

Weitere Boule-Bücher aus dem Isotrop-Verlag

Bestellung, schnell und portofrei per Mail, an: verlag@isotrop.de

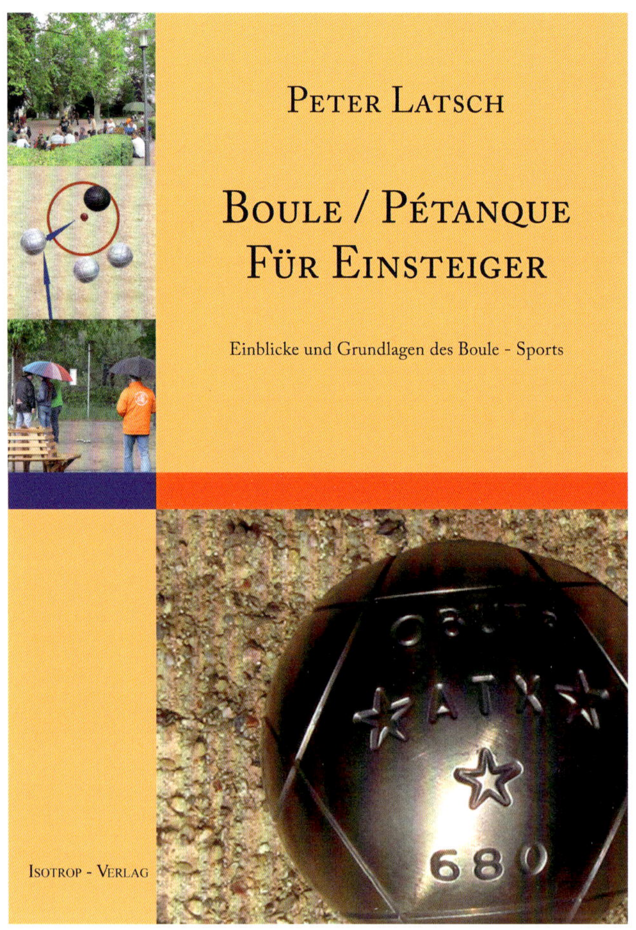

Dieses Buch wendet sich gleichermaßen an alle, die mit dem Boulespiel beginnen möchten, als auch an die Spieler, die sich intensiver mit ihrem Sport auseinandersetzen wollen. Neben einer komplett bebilderten Spielanleitung finden sich in diesem Buch alle wichtigen Grundlagen, die Sie für ihr Spiel und dessen Weiterentwicklung benötigen. Von der Auswahl der passenden Kugeln und sinnvollem Zubehör, über die Beschreibung der wichtigsten Wurftechniken bis zu taktischen Erwägungen im Spiel und Wettkampf. Ein eigenes Kapitel zeigt verschiedene Übungsbeispiele auf, die zur Verbesserung des eigenen Spiels verwendet werden können. Natürlich fehlt auch nicht der Ausblick auf Turniere und Meisterschaften. Mit zahlreichen farbigen Fotos und Illustrationen sowie einem speziellen Boule-Lexikon.

ISBN 978-3-940395-10-8

112 Seiten A5 14,90 €

Boule / Pétanque erfreut sich einer immer größer werdenden Anhängerschaft die, einmal infiziert vom Boulefieber, es nicht mehr lassen kann und will. Dieses Buch liefert den Stoff, um sich im Spiel mit den Eisenkugeln weiterentwickeln zu können. Es baut auf den Grundlagen des Einsteigerbuches auf und zeigt detailliert die etwas schwierigeren Wurfvarianten und die Techniken der Effetwürfe auf. Zu allen relevanten Kapiteln werden Bilder, Grafiken und Übungsbeispiele gezeigt. Die psychologischen und taktischen Aspekte des Spiels, als wichtiger Teil um ein erfolgreicher Spieler zu werden, haben im Buch ihren Platz erhalten, genauso wie einige Überlegungen zum Boule-Training. Ein weiteres Kapitel befasst sich mit den Modalitäten zur Ausrichtung eines Pétanque Turnieres und was man dazu wissen sollte.

ISBN 978-3-940395-13-9

113 Seiten A5 15,90 €

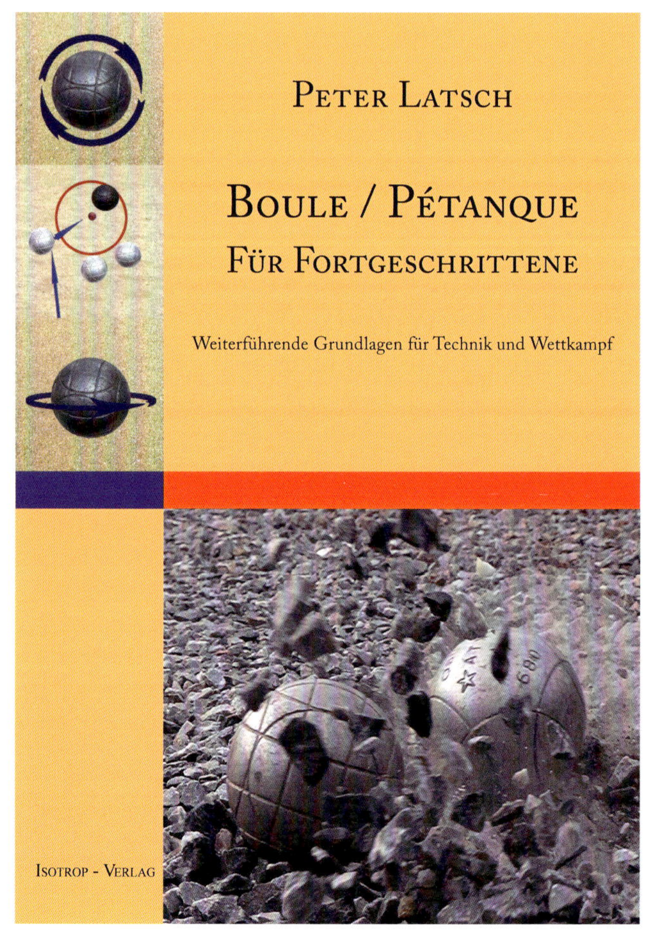